한권 한달 완성
일본어 말하기 Lv. 3

한권 한달 완성
일본어 말하기 Lv. 3

한권 한달 완성
일본어 말하기 Lv. 3

초판 1쇄 발행 2025년 12월 30일

지은이 시원스쿨어학연구소
펴낸곳 (주)에스제이더블유인터내셔널
펴낸이 양홍걸 이시원

홈페이지 japan.siwonschool.com
주소 서울시 영등포구 영신로 166 시원스쿨
교재 구입 문의 02)2014-8151
고객센터 02)6409-0878

ISBN 979-11-7550-035-8 13730
Number 1-310201-31319929-08

한권 한달 완성 일본어 말하기 Lv. 3

시원스쿨어학연구소 지음

시원스쿨닷컴

각 과의 주요 내용과 단어를 미리 파악해요!

❶ 각 과의 주요 내용을 그림과 함께 추측해 보고, 배울 내용을 미리 파악합니다.

❷ 초·중급 학습자들이 꼭 알아야 할 단어를 보기 쉽게 정리하였으며, 제공되는 음원을 듣고 따라 말하다 보면 억지로 외우지 않아도 자연스럽게 외울 수 있습니다.

핵심 문형의 개념을 확실하게 다져요!

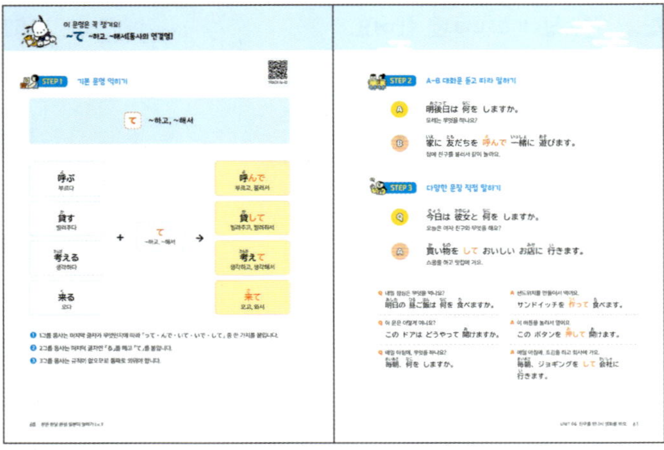

❶ 일본어에서 반드시 알아야 할 핵심 문형을 도식화하여 정리함으로써, 주요 문형을 빠르게 이해할 수 있습니다.

❷ 개념을 쉽게 이해할 수 있도록 정확한 설명을 덧붙여, 각 문형의 쓰임을 명확히 파악할 수 있습니다.

❸ 앞에서 배운 문형을 다양한 예문으로 반복해서 따라 말함으로써, 문형의 쓰임을 실제 상황에서 자연스럽게 익힐 수 있습니다.

일상 회화문을 통해 말하기 실력을 키워요!

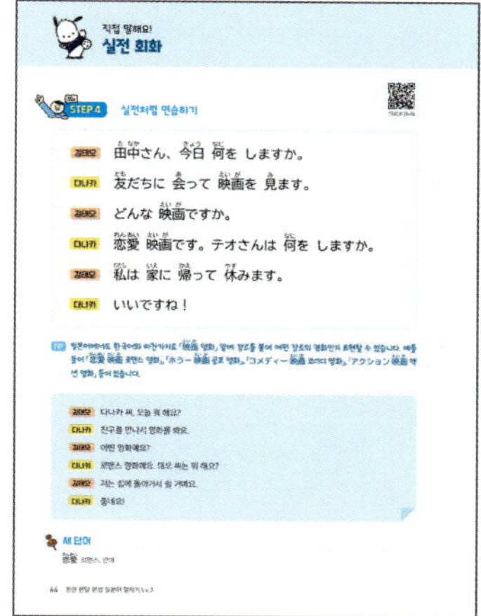

① 실생활에서 자주 접하는 주제의 대화문으로 구성하여, 일본인의 표현 방식을 익히고 자연스러운 일본어를 구사할 수 있습니다.

② 대화 내용과 관련된 추가 표현이나 한일 간의 문화 차이도 간략하게 소개했습니다.

연습 문제로 배운 내용을 복습해요!

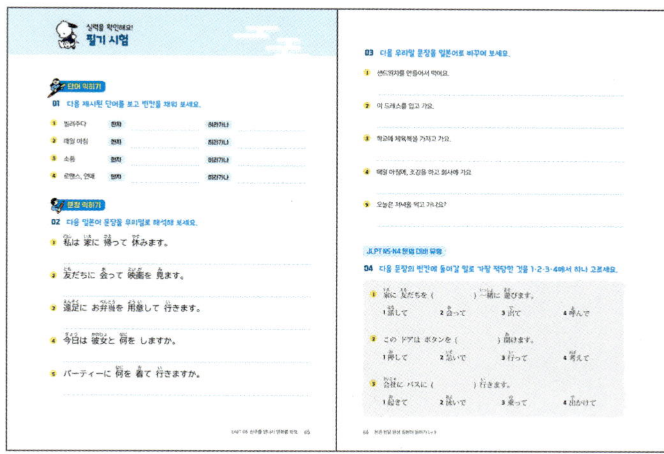

단어 쓰기 → 일본어 문장 우리말로 해석하기 → 우리말 문장 일본어로 작문하기 → JLPT N5·N4 문법 대비 유형 문제 풀어보기로 구성된 4단계 연습 문제를 통해 배운 내용을 체계적으로 복습할 수 있습니다.

일러두기

일본어에는 원래 띄어쓰기가 없기 때문에, 입문자는 문장의 끊어 읽는 위치를 파악하기 어려울 수 있습니다.
이에 따라 일본어 문장 구조에 익숙해질 수 있도록 임의로 띄어쓰기를 적용했습니다.

학습에 도움을 주는 부가 자료

전체 음원 / 01-20과

몰아보기 영상 / 01-10과 / 11-20과

MP3 및 문장 몰아보기 영상

✓ 원어민의 정확한 발음을 들으며 문장을 따라 말해 볼 수 있습니다. 음원은 시원스쿨일본어 홈페이지 > 학습 지원센터 > 공부자료실에서 다운로드 받거나 매 과에 있는 QR 코드를 스캔하여 이용할 수 있습니다. 또한 언제, 어디서든 보고 듣고 따라 연습할 수 있도록 도서의 모든 문장을 담은 몰아보기 영상을 제공합니다.

JLPT N5·N4 필수 어휘&문형

✓ JLPT N5·N4 필수 어휘 80개와 문형 20개를 체계적으로 정리하여 시험에 자주 출제되는 어휘와 문형을 함께 익힐 수 있습니다.

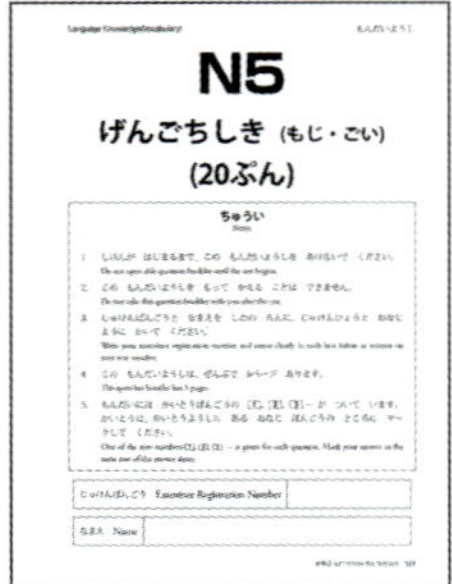 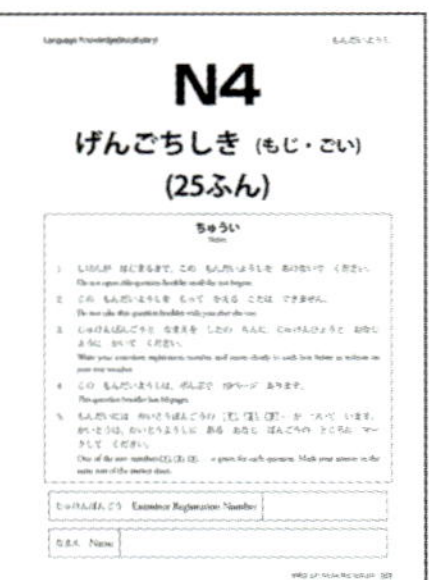

JLPT N5·N4 하프 모의고사

✓ 최신 기출 어휘 및 문법 문제로 구성된 JLPT N5·N4 하프 모의고사를 풀어보며 미리 시험 유형을 파악해 볼 수 있습니다.

여행 일본어 표현 PDF

✓ 공항·호텔·식당 등 일본 여행지에서 꼭 필요한 표현을 테마별로 한눈에 보기 쉽게 정리했습니다.

30일 완성 학습 플래너

DAY	UNIT	제목	주요 학습 내용	학습 날짜
1일	01	私は美術館に行った。 나는 미술관에 갔어.	문형1 ~た ~했다[동사의 과거형] 문형2 たくさん ~た 많이 ~했다	__월 __일
2일	02	富士山に登ったことがあります。 후지산에 오른 적이 있어요.	문형1 동사 た형+ことが あります ~한 적이 있습니다 문형2 동사 た형+ことが ありません ~한 적이 없습니다	__월 __일
3일	03	病院に行った方がいいです。 병원에 가는 편이 좋아요.	문형1 동사 た형+方がいいです ~하는 편이 좋습니다 문형2 동사 ない형+ない+方がいいです ~하지 않는 편이 좋습니다	__월 __일
4일	04	ユーチューブを見たり ゲームをしたりします。 유튜브를 보거나 게임을 하거나 해요.	문형1 동사 た형+り+동사 た형+り します ~하거나 ~하거나 합니다 문형2 동사 た형+り+동사 た형+り しました ~하거나 ~하거나 했습니다	__월 __일
5일	05	バイトを探したらどうですか。 아르바이트를 찾는 게 어때요?	문형1 동사 た형+ら どうですか ~하는게 어떻습니까? 문형2 ~が ほしいです ~을/를 갖고 싶습니다	__월 __일
6일		UNIT 01~05 복습		__월 __일
7일				
8일	06	友だちに会って映画を見ます。 친구를 만나서 영화를 봐요.	문형1 ~て ~하고, ~해서[동사의 연결형] 문형2 동사 て형+行きます ~하고 갑니다, ~해 갑니다	__월 __일
9일	07	今、横になっています。 지금, 누워 있어요.	문형1 동사 て형+います ~하고 있습니다 문형2 동사 て형+いません ~하고 있지 않습니다	__월 __일
10일	08	ドラマを見てみます。 드라마를 봐 볼게요.	문형1 동사 て형+みます ~해 보겠습니다 문형2 동사 て형+みたいです ~해 보고 싶습니다	__월 __일
11일	09	ちょっと待ってください。 잠깐 기다려 주세요.	문형1 동사 て형+ください ~해 주세요 문형2 동사 て형+くださいませんか ~해 주시지 않겠습니까?	__월 __일
12일		UNIT 06~09 복습		__월 __일
13일				
14일	10	手伝ってほしいです。 도와줬으면 좋겠어요.	문형1 동사 て형+ほしいです ~해 줬으면 좋겠습니다 문형2 동사 て형+ほしくないです ~하지 않아 줬으면 좋겠습니다	__월 __일

DAY	UNIT	제목	주요 학습 내용	학습 날짜
15일	11	飲み物を買っておきます。 음료를 사 두어요.	문형1 동사 て형+おきます ~해 둡니다 문형2 명사+の ために+동사 て형+おきます ~을/를 위해서 ~해 둡니다	__월 __일
16일	12	出前をとってもいいですか。 배달을 시켜도 될까요?	문형1 동사 て형+も いいです ~해도 됩니다 문형2 동사 て형+も 大丈夫です ~해도 괜찮습니다	__월 __일
17일	13	作品を触ってはいけません。 작품을 만지면 안 돼요.	문형1 동사 て형+は いけません ~하면 안 됩니다 문형2 勝手に+동사 て형+は いけません 함부로 ~하면 안 됩니다	__월 __일
18일 19일		UNIT 10~13 복습		__월 __일
20일	14	ワイファイが使えます。 와이파이를 사용할 수 있어요.	문형1 ~할 수 있다[동사의 가능형] 문형2 동사의 가능형[정중형, 부정형, 과거형]	__월 __일
21일	15	自転車に乗れるように なりました。 자전거를 탈 수 있게 되었어요.	문형1 ~ように なります ~할 수 있게 됩니다 문형2 ~ように なりました ~할 수 있게 되었습니다	__월 __일
22일	16	友だちにお土産をあげます。 친구에게 기념품을 주어요.	문형1 あげます/くれます 줍니다 문형2 もらいます 받습니다	__월 __일
23일	17	友だちがノートを 貸してくれました。 친구가 노트를 빌려주었어요.	문형1 동사 て형+あげます/くれます ~해 줍니다 문형2 동사 て형+もらいます ~해 받습니다	__월 __일
24일 25일		UNIT 14~17 복습		__월 __일
26일	18	ジムに通うことにしました。 헬스장에 다니기로 했어요.	문형1 ~ことに します ~하기로 합니다 문형2 동사 ない형+ない ことに します ~하지 않기로 합니다	__월 __일
27일	19	日本で働くことになりました。 일본에서 일하게 되었어요.	문형1 ~ことに なります ~하게 됩니다 문형2 동사의 명사 수식	__월 __일
28일	20	天気も晴れると思います。 날씨도 맑을 거라고 생각해요.	문형1 ~と 思います ~할 거라고 생각합니다 문형2 동사 ない형+ないと 思います ~하지 않을 거라고 생각합니다	__월 __일
29일 30일		UNIT 18~20 복습		__월 __일

私は 美術館に 行った。
나는 미술관에 갔어.

 **그림을 보면서 오늘 배울 내용을 떠올려 보세요.**

오늘 배울 단어를 듣고 따라 읽어 보세요.

TRACK 01-01

美術館	勝つ	試合	動物園	パンダ
미술관	이기다	시합	동물원	판다
着く	ちょうど	タバコ	やめる	今年
도착하다	방금, 마침	담배	끊다, 그만두다	올해
サーフィン				
서핑				

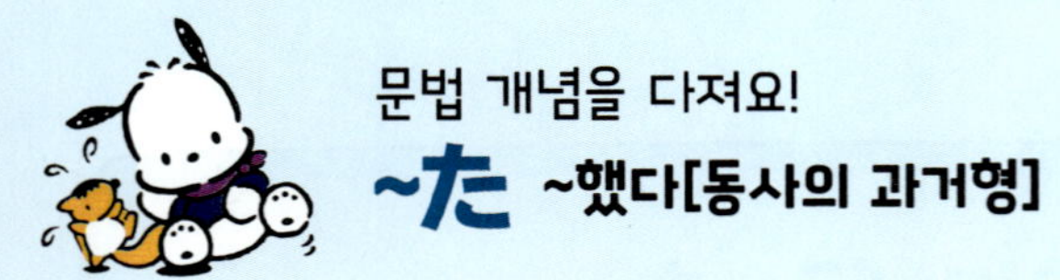

~た ~했다[동사의 과거형]

1. た형[동사의 과거형]

일본어에서는 동사 과거형을 만들 때 동사 뒤에 「た」를 붙여 '~했다'라고 합니다. 또한 「た」의 음을 올려 말하면 '~했어?'라는 의미의 의문문이 됩니다.

2. 1그룹 동사+た

1그룹 동사의 경우 마지막 글자가 무엇인지에 따라 「た」를 붙이는 방법이 달라지므로 특히 주의해야 하며 크게 5가지로 나눌 수 있습니다.

1) 마지막 글자가 う・つ・る로 끝나는 동사

1그룹 동사 중 마지막 글자가 「う・つ・る」로 끝나는 동사의 경우 마지막 글자를 없앤 후 「った」를 붙이면 됩니다.

2) 마지막 글자가 ぬ・ぶ・む로 끝나는 동사

1그룹 동사 중 마지막 글자가 「ぬ・ぶ・む」로 끝나는 동사의 경우 마지막 글자를 없앤 후 「んだ」를 붙이면 됩니다.

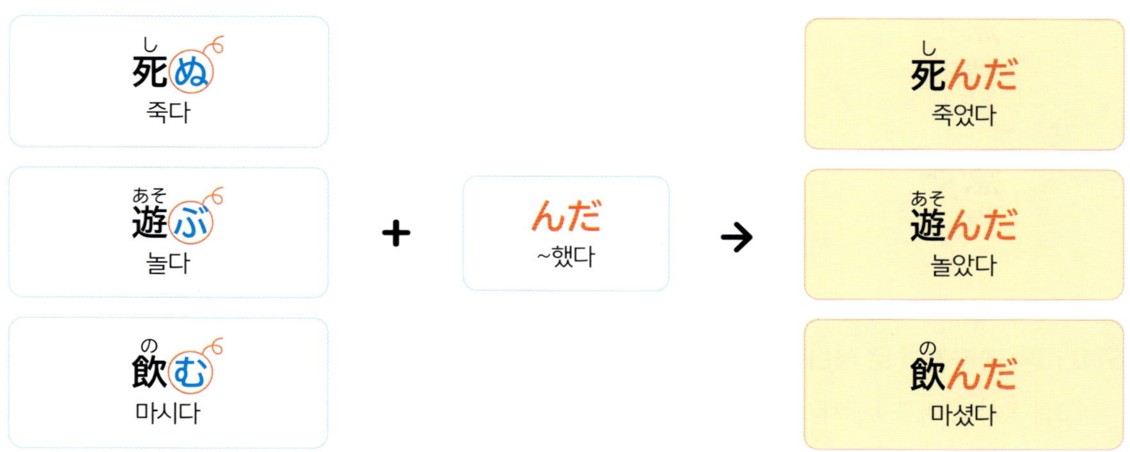

3) 마지막 글자가 く로 끝나는 동사

1그룹 동사 중 마지막 글자가 「く」로 끝나는 동사의 경우 마지막 글자를 없앤 후 「いた」를 붙이면 됩니다.

※ 예외 동사 行く

「行く」는 「く」로 끝나지만 「行いた」가 아닌 「行った」가 됩니다.

4) 마지막 글자가 ぐ로 끝나는 동사

1그룹 동사 중 마지막 글자가 「ぐ」로 끝나는 동사의 경우 마지막 글자를 없앤 후 「いだ」를 붙이면 됩니다.

5) 마지막 글자가 す로 끝나는 동사

1그룹 동사 중 마지막 글자가 「す」로 끝나는 동사의 경우 마지막 글자를 없앤 후 「した」를 붙이면 됩니다.

3. 2그룹 동사+た

마지막 글자인 「る」를 없애고 「た」를 붙입니다.

4. 3그룹 동사+た

3그룹 동사는 불규칙하므로 외워야 합니다.

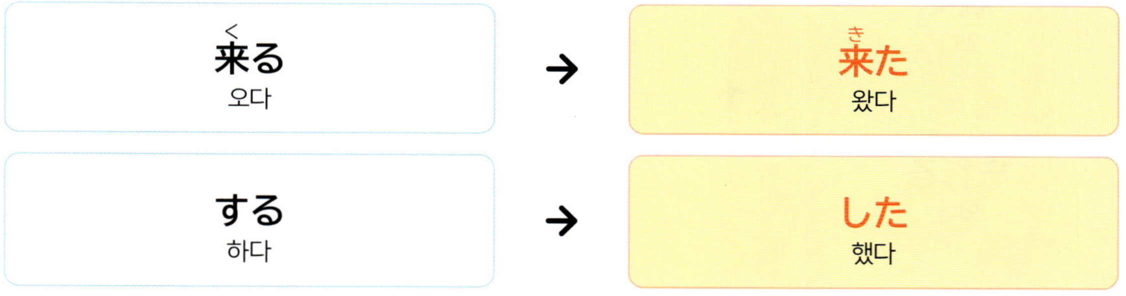

 **STEP 1**　　기본 문형 익히기

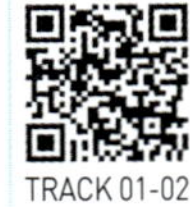

TRACK 01-02

た　　~했어

勝つ か 이기다		**勝った。** か 이겼어.
脱ぐ ぬ 벗다	**＋** **た** ~했어 **→**	**脱いだ。** ぬ 벗었어.
忘れる わす 잊다		**忘れた。** わす 잊었어.
する 하다		**した。** 했어.

❶ 1그룹 동사는 마지막 글자가 무엇인지에 따라 「った・んだ・いた・いだ・した」 중 한 가지를 붙입니다.

❷ 2그룹 동사는 마지막 글자인 「る」를 떼고 「た」를 붙입니다.

❸ 3그룹 동사는 규칙이 없으므로 통째로 외워야 합니다.

A-B 대화문 듣고 따라 말하기

A

今日も 試合で 勝った？

오늘도 시합에서 이겼어?

B

うん、今日も 試合で 勝った。

응, 오늘도 시합에서 이겼어.

다양한 문장 직접 말하기

Q

動物園で パンダを 見た？

동물원에서 판다를 봤어?

A

うん、もちろん 見たよ！

응, 당연히 봤지!

Q 역에 도착했어?

駅に 着いた？

A 응, 방금 도착했어.

うん、ちょうど 着いた。

Q 그는 담배를 끊었어?

彼は タバコを やめた？

A 응, 올해부터 끊었어.

うん、今年から やめた。

TIP 「やめる」와 「辞める」는 둘 다 '끊다, 그만두다'라는 의미이지만, 「やめる」는 좋지 않은 습관, 행동, 동작 등을 그만두거나 멈출 때 사용하고, 「辞める」는 일자리 등을 그만둘 때 사용합니다.

Q 주말에는 무엇을 했어?

週末は 何を した？

A 친구와 서핑을 했어.

友だちと サーフィンを した。

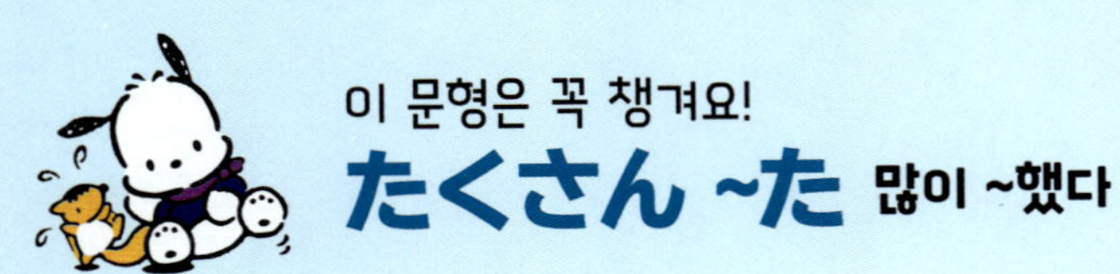

기본 문형 익히기

TRACK 01-03

たくさん + た 많이 ~했어

たくさん
많이

+

の
飲んだ。
마셨어.

ある
歩いた。
걸었어.

み
見た。
봤어.

き
来た。
왔어.

❶ 동사 た형 앞에 '많이'라는 의미의 「たくさん」을 붙이면 정도를 강조할 수 있습니다.

 **STEP 2**   A-B 대화문 듣고 따라 말하기

A 昨日 お酒を たくさん 飲んだ？
어제 술을 많이 마셨어?

B うん、昨日は たくさん 飲んだ。
응, 어제는 많이 마셨어.

STEP 3   다양한 문장 직접 말하기

Q 野菜も たくさん 食べた？
채소도 많이 먹었어?

A うん、野菜も たくさん 食べた。
응, 채소도 많이 먹었어.

Q 일본에서 사진을 많이 찍었어?
日本で 写真を たくさん 撮った？

A 응, 많이 찍었어.
うん、たくさん 撮った。

Q 일요일에는 많이 잤어?
日曜日は たくさん 寝た？

A 응, 많이 잤어.
うん、たくさん 寝た。

Q 영어 공부는 많이 했어?
英語の 勉強は たくさん した？

A 응, 많이 했어.
うん、たくさん した。

실전 회화

STEP 4　실전처럼 연습하기

최지아	土曜日に 何を したの？
남동생	美術館に 行ったよ。
최지아	いいね！何を 見た？
남동생	素敵な 作品を たくさん 見た。
최지아	私は 山登りを したよ。
남동생	いいね！

TIP　「山登り 등산」라는 단어는 「山 산」라는 명사와 「登る 오르다」라는 동사가 합쳐져서 만들어진 단어입니다.

최지아	토요일에 무엇을 했어?
남동생	미술관에 갔어.
최지아	좋네! 무엇을 봤어?
남동생	멋진 작품을 많이 봤어.
최지아	나는 등산을 했어.
남동생	좋네!

새 단어

土曜日 토요일　｜　山登り 등산

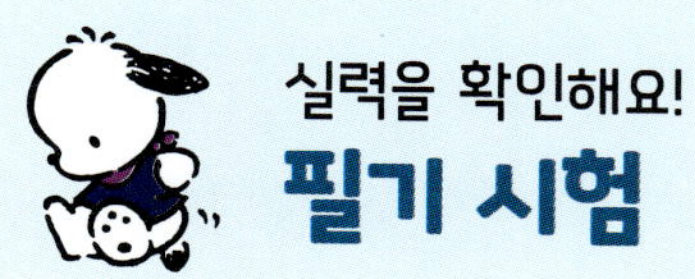

단어 익히기

01 다음 제시된 단어를 보고 빈칸을 채워 보세요.

1 미술관   한자 _______________   히라가나 _______________

2 등산   한자 _______________   히라가나 _______________

3 동물원   한자 _______________   히라가나 _______________

4 도착하다   한자 _______________   히라가나 _______________

문장 익히기

02 다음 일본어 문장을 우리말로 해석해 보세요.

1 今日も 試合で 勝った。

____

2 今年から タバコを やめた。

____

3 昨日は お酒を たくさん 飲んだ。

____

4 土曜日に デパートに 行ったよ。

____

5 日本で 写真を たくさん 撮った？

____

03 **다음 우리말 문장을 일본어로 해석해 보세요.**

1 친구와 서핑을 했어.

----

2 영어 공부는 많이 했어.

----

3 멋진 작품을 많이 봤어.

----

4 동물원에서 판다를 봤어?

----

5 채소도 많이 먹었어?

JLPT N5·N4 문법 대비 유형

04 **다음 문장의 빈칸에 들어갈 말로 가장 적당한 것을 1·2·3·4에서 하나 고르세요.**

1 彼は ちょうど 駅に (　　　　　　)。

　1 待った　　　　　2 書いた　　　　　3 着いた　　　　　4 急いだ

2 私は 土曜日に 山登りを (　　　　　　) よ。

　1 した　　　　　2 買った　　　　　3 遊んだ　　　　　4 書いた

3 日曜日は たくさん (　　　　　　) ?

　1 忘れた　　　　　2 寝た　　　　　3 起きた　　　　　4 着いた

富士山に 登った ことが あります。

후지산에 오른 적이 있어요.

그림을 보면서 오늘 배울 내용을 떠올려 보세요.

오늘 배울 단어를 듣고 따라 읽어 보세요.

TRACK 02-01

登る 오르다	経験する 경험하다	文学 문학	村上春樹 무라카미 하루키 [일본의 저명한 소설가]	たこ焼き 타코야키
バイク 오토바이	相撲 스모	カプセルホテル 캡슐 호텔	泊まる 숙박하다, 묵다	告白する 고백하다

동사 た형+ことが あります ~한 적이 있습니다

 **STEP 1** 기본 문형 익히기

TRACK 02-02

동사 た형 + **ことが あります** ~한 적이 있어요

はな
話した
이야기한

のぼ
登った
오른

か
借りた
빌린

けいけん
経験した
경험한

+

ことが あります。
적이 있어요.

---

❶ 동사 た형 뒤에 「ことが ある」를 붙이면 '~한 적이 있다'라는 뜻이 되며 어떤 일에 대한 경험을 나타낼 때 쓸 수 있는 표현입니다.

❷ 「ことが ある」에서 「こと」는 '일'이라는 의미의 명사이고, 「ある」는 '있다'라는 의미의 동사이므로 직역하면 '~한 일이 있다'라는 뜻이 됩니다.

❸ 「ある」 뒤에 「ます」를 붙여서 「ことが あります」를 만들면 '~한 적이 있습니다'라는 뜻이 됩니다.

 **STEP 2**　**A-B 대화문 듣고 따라 말하기**

A
富士山に 登った ことが ありますか。
후지산에 오른 적이 있나요?

B
はい、富士山に 登った ことが あります。
네, 후지산에 오른 적이 있어요.

STEP 3　**다양한 문장 직접 말하기**

Q
浴衣を 着た ことが ありますか。
유카타를 입은 적이 있나요?

A
はい、浴衣を 着た ことが あります。
네, 유카타를 입은 적이 있어요.

Q 일본 문학을 읽은 적이 있나요?
日本 文学を 読んだ ことが ありますか。

A 네, 무라카미 하루키의 소설을 읽은 적이 있어요.
はい、村上春樹の 小説を 読んだ ことが あります。

Q 저 가게에서 타코야키를 먹은 적이 있나요?
あの お店で たこ焼きを 食べた ことが ありますか。

A 네, 타코야키를 먹은 적이 있어요.
はい、たこ焼きを 食べた ことが あります。

Q 오토바이를 운전한 적이 있나요?
バイクを 運転した ことが ありますか。

A 네, 오토바이를 운전한 적이 있어요.
はい、バイクを 運転した ことが あります。

동사 た형 + ことが ありません ~한 적이 없습니다

 **STEP 1** 기본 문형 익히기

TRACK 02-03

동사 た형 + ことが ありません ~한 적이 없어요

習^{なら}った 배운	
使^{つか}った 사용한	**+** ことが ありません。 적이 없어요.
教^{おし}えた 가르친	
来^きた 온	

❶ 동사 た형 뒤에 「ことが ない」를 붙이면 '~한 적이 없다'라는 뜻이 됩니다.

❷ 「ない」 대신 「ありません」을 붙여서 「ことが ありません」을 만들면 '~한 적이 없습니다'라는 뜻이 됩니다.

A-B 대화문 듣고 따라 말하기

A

料理を 習った ことが ありますか。

요리를 배운 적이 있나요?

B

いいえ、料理を 習った ことが ありません。

아니요, 요리를 배운 적이 없어요.

다양한 문장 직접 말하기

Q

相撲を 見た ことが ありますか。

스모를 본 적이 있나요?

A

いいえ、相撲を 見た ことが ありません。

아니요, 스모를 본 적이 없어요.

Q 캡슐 호텔에 숙박한 적이 있나요?

カプセルホテルに 泊まった ことが ありますか。

A 아니요, 아직 숙박한 적이 없어요.

いいえ、まだ 泊まった ことが ありません。

Q 버스 안에서 잔 적이 있나요?

バスの 中で 寝た ことが ありますか。

A 아니요, 잔 적이 없어요.

いいえ、寝た ことが ありません。

Q 좋아하는 사람에게 고백한 적이 있나요?

好きな 人に 告白した ことが ありますか。

A 아니요, 고백한 적이 없어요.

いいえ、告白した ことが ありません。

실전 회화

실전처럼 연습하기

TRACK 02-04

다나카 最近、英語の 勉強は どうですか。

김태모 会話が ちょっと 難しいです。

다나카 外国人と 話した ことが ありますか。

김태모 はい、外国人に 道を 教えた ことが あります。

다나카 すごいですね。

김태모 でも、アプリを 使いながら 話しました。

TIP 「アプリ 앱, 어플」는「アプリケーション」의 줄임말로 영어 'application'에서 온 외래어입니다.

다나카 요즘, 영어 공부는 어때요?

김태모 회화가 조금 어려워요.

다나카 외국인과 이야기한 적이 있나요?

김태모 네, 외국인에게 길을 가르쳐 준 적이 있어요.

다나카 대단하네요.

김태모 하지만, 앱을 사용하면서 이야기했어요.

 **새 단어**

会話 회화 | 外国人 외국인 | すごい 대단하다, 굉장하다

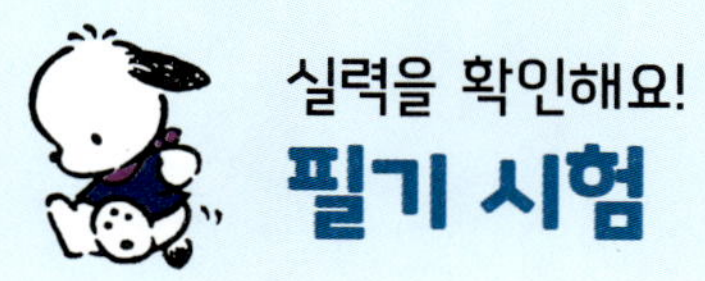

필기 시험

단어 익히기

01 다음 제시된 단어를 보고 빈칸을 채워 보세요.

1 오르다   한자 ____________________   히라가나 ____________________

2 문학   한자 ____________________   히라가나 ____________________

3 경험하다   한자 ____________________   히라가나 ____________________

4 회화   한자 ____________________   히라가나 ____________________

문장 익히기

02 다음 일본어 문장을 우리말로 해석해 보세요.

1 浴衣（ゆかた）を 着（き）た ことが あります。

____

2 たこ焼（や）きを 食（た）べた ことが あります。

____

3 相撲（すもう）を 見（み）た ことが ありません。

____

4 まだ カプセルホテルに 泊（と）まった ことが ありません。

____

5 好（す）きな 人（ひと）に 告白（こくはく）した ことが ありますか。

____

1 오토바이를 운전한 적이 있어요.

----

2 외국인에게 길을 가르쳐 준 적이 있어요.

----

3 요리를 배운 적이 없어요.

----

4 버스 안에서 잔 적이 없어요.

----

5 후지산에 오른 적이 있나요?

JLPT N5·N4 문법 대비 유형

04 다음 문장의 빈칸에 들어갈 말로 가장 적당한 것을 1·2·3·4에서 하나 고르세요.

1 小説を (　　　　　　) ことが あります。

　1 寝た　　　　2 読んだ　　　　3 行った　　　　4 食べた

2 日本語を (　　　　　　) ことが ありません。

　1 来た　　　　2 習った　　　　3 着た　　　　4 勝った

3 (　　　　　　) と 話した ことが ありますか。

　1 浴衣　　　　2 最近　　　　3 告白　　　　4 外国人

UNIT 03

病院に 行った 方が いいです。
병원에 가는 편이 좋아요.

그림을 보면서 오늘 배울 내용을 떠올려 보세요.

TRACK 03-01

오늘 배울 단어를 듣고 따라 읽어 보세요.

返す 돌려주다	ずっと 계속	もっと 좀 더	喧嘩する 싸우다	先に 먼저
転ぶ 넘어지다	気を つける 조심하다	もうすぐ 이제 곧	テニス 테니스	太る 살찌다
国 나라	危ない 위험하다	だめだ 안 된다, 소용없다		

동사 た형+方が いいです ~하는 편이 좋습니다

TRACK 03-02

 **STEP 1** 기본 문형 익히기

| 동사 た형 | + | 方が いいです | ~하는 편이 좋아요 |

飲んだ
(약을) 먹는

返した
돌려주는

開けた
여는

予約した
예약하는

+

方が いいです。
편이 좋아요.

---

❶ 동사 た형 뒤에 「方が いい」를 붙이면 '~하는 편이 좋다'라는 뜻이 되며 상대방에게 어떤 행동에 대한 조언이나 권유를 할 때 쓸 수 있는 표현입니다.

❷ 동사 た형 뒤에 접속되지만, 과거의 의미를 나타내는 것은 아닙니다.

❸ 「方が いい」에서 「方」는 '편, 쪽'이라는 의미의 명사이고, 「いい」는 '좋다'라는 의미의 い형용사입니다.

❹ 「いい」 뒤에 「です」를 붙여서 「方が いいです」를 만들면 '~하는 편이 좋습니다'라는 뜻이 됩니다.

A-B 대화문 듣고 따라 말하기

A

昨日から ずっと お腹が 痛いです。

어제부터 계속 배가 아파요.

B

薬を 飲んだ 方が いいです。

약을 먹는 편이 좋아요.

STEP 3

다양한 문장 직접 말하기

Q

私は 毎日 12時に 寝ます。

저는 매일 12시에 자요.

A

もっと 早く 寝た 方が いいです。

좀 더 일찍 자는 편이 좋아요.

Q 친구와 싸웠어요.

友だちと 喧嘩しました。

A 먼저 사과하는 편이 좋아요.

先に 謝った 方が いいです。

Q 길에서 넘어졌어요.

道で 転びました。

A 앞으로는 조심하는 편이 좋아요.

これからは 気を つけた 方が いいです。

Q 이제 곧 테니스 대회가 있어요.

もうすぐ テニスの 大会が あります。

A 매일 연습하는 편이 좋아요.

毎日 練習した 方が いいです。

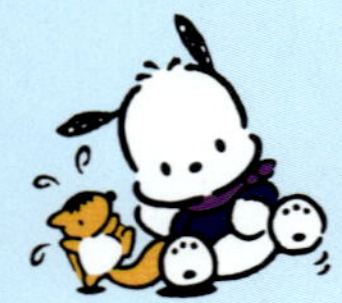

이 문형은 꼭 챙겨요!

동사 ない형+ない+方(ほう)が いいです ~하지 않는 편이 좋습니다

TRACK 03-03

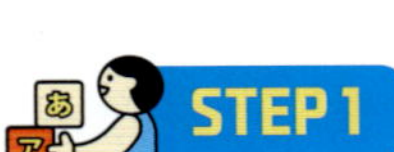

STEP 1 기본 문형 익히기

동사 ない형 + ない + 方(ほう)が いいです ~하지 않는 편이 좋아요

食(た)べ 먹지	+	ない 않는	+	方(ほう)が いいです。 편이 좋아요.
送(おく)ら 보내지				
答(こた)え 대답하지				
来(こ) 오지				

1 동사 ない형 뒤에 「ない 方(ほう)が いい」를 붙이면 '~하지 않는 편이 좋다'라는 뜻이 됩니다.

A 　最近 ちょっと 太りました。
최근에 조금 살쪘어요.

B 　夜遅く 食べない 方が いいです。
밤늦게 먹지 않는 편이 좋아요.

STEP 3 다양한 문장 직접 말하기

Q あの ホテルは どうですか。
저 호텔은 어때요?

A あの ホテルは 泊まらない 方が いいです。
저 호텔은 숙박하지 않는 편이 좋아요.

Q 이 나라는 안전해요?
この 国は 安全ですか。

A 위험해요. 혼자서 가지 않는 편이 좋아요.
危ないです。一人で 行かない 方が
いいです。

Q 이 영화는 무서워요?
この 映画は 怖いですか。

A 네, 무서워요. 보지 않는 편이 좋아요.
はい、怖いです。見ない 方が いいです。

Q 그에게 전화하고 싶어요.
彼に 電話したいです。

A 안 돼요. 지금은 하지 않는 편이 좋아요.
だめです。今は しない 方が いいです。

 **STEP 4** 실전처럼 연습하기

TRACK 03-04

스즈키　ジアさん、顔が 赤いです。

최지아　昨日から ずっと 頭が 痛いです。

스즈키　それは 早く 病院に 行った 方が いいですね。

최지아　はい、今日は 休みますね。

스즈키　無理しないで ください。

최지아　分かりました。

TIP 「無理 무리」는 한국어의 '무리'와 발음이 동일합니다. 이처럼 우리말과 발음이 비슷한 단어로는 「感謝 감사」, 「理由 이유」, 「知識 지식」, 「約束 약속」 등이 있습니다.

스즈키　지아 씨, 얼굴이 빨개요.

최지아　어제부터 계속 머리가 아파요.

스즈키　그건 빨리 병원에 가는 편이 좋겠네요.

최지아　네, 오늘은 쉴게요.

스즈키　무리하지 말아 주세요.

최지아　알겠어요.

 새 단어

顔 얼굴　｜　赤い 빨갛다　｜　頭 머리　｜　無理する 무리하다

단어 익히기

01 다음 제시된 단어를 보고 빈칸을 채워 보세요.

1 나라 한자 ____________ 히라가나 ____________

2 돌려주다 한자 ____________ 히라가나 ____________

3 넘어지다 한자 ____________ 히라가나 ____________

4 살찌다 한자 ____________ 히라가나 ____________

문장 익히기

02 다음 일본어 문장을 우리말로 해석해 보세요.

1 薬を 飲んだ 方が いいです。

____

2 これからは 気を つけた 方が いいです。

____

3 早く 病院に 行った 方が いいです。

____

4 あの ホテルは 泊まらない 方が いいです。

____

5 この 映画は 見ない 方が いいです。

____

03 다음 우리말 문장을 일본어로 바꾸어 보세요.

1 좀 더 일찍 자는 편이 좋아요.

2 먼저 사과하는 편이 좋아요.

3 혼자서 가지 않는 편이 좋아요.

4 지금은 그에게 전화하지 않는 편이 좋아요.

5 어제부터 계속 머리가 아파요.

JLPT N5·N4 문법 대비 유형

04 다음 문장의 빈칸에 들어갈 말로 가장 적당한 것을 1·2·3·4에서 하나 고르세요.

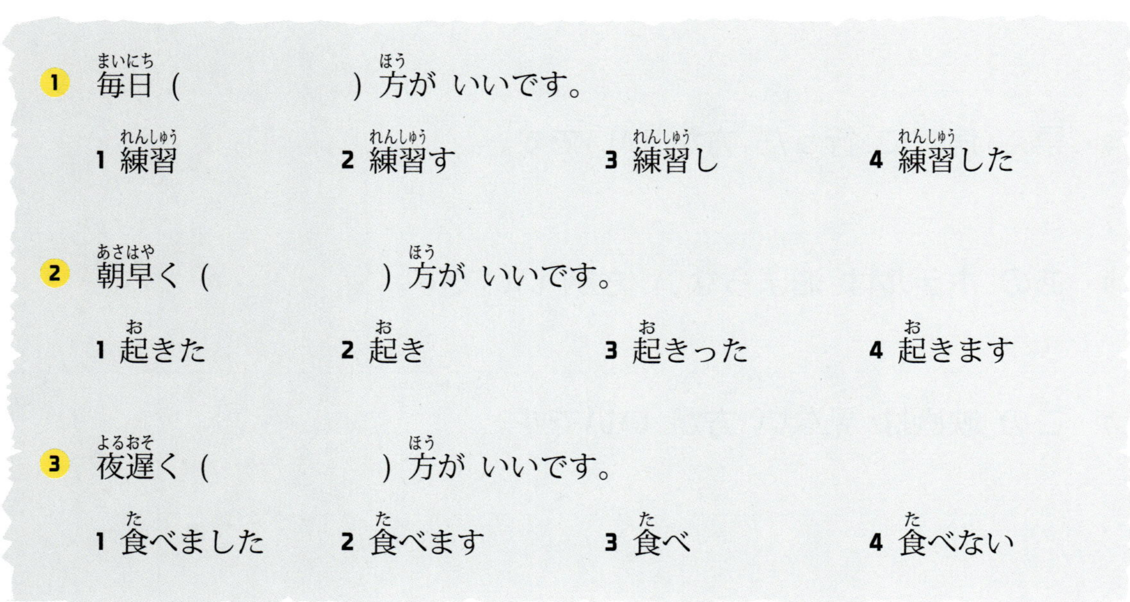

ユーチューブを 見<ruby>み</ruby>たり ゲームを したり します。

유튜브를 보거나 게임을 하거나 해요.

그림을 보면서 오늘 배울 내용을 떠올려 보세요.

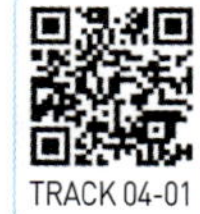

오늘 배울 단어를 듣고 따라 읽어 보세요.

TRACK 04-01

踊<ruby>おど</ruby>る 춤추다	描<ruby>か</ruby>く 그리다	おしゃべりする 수다 떨다	もの 것	キャンプ 캠핑
冬休<ruby>ふゆやす</ruby>み 겨울 방학	スキーを する 스키를 타다	雪<ruby>ゆき</ruby>だるま 눈사람	ディズニーランド 디즈니랜드	アトラクション 놀이기구, 어트랙션

동사 た형+り+동사 た형+り します ~하거나 ~하거나 합니다

 **STEP 1**　기본 문형 익히기

TRACK 04-02

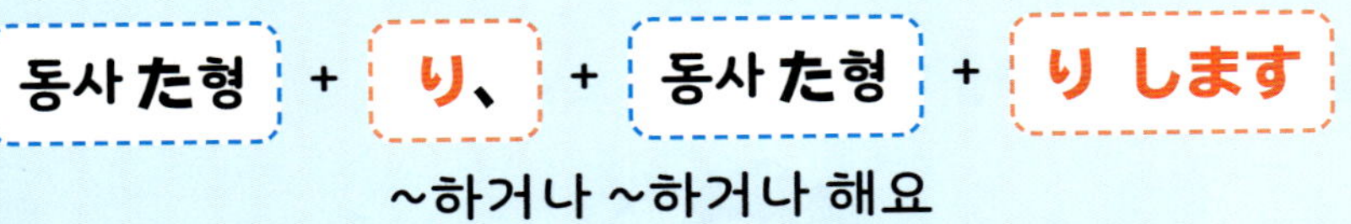

❶ 동사 た형 뒤에 「~り ~り します」를 붙이면 '~하거나 ~하거나 합니다'라는 뜻이 되며 여러 행동 중 대표적인 행동들만 예로 들어 말할 때 쓸 수 있는 표현입니다.

❷ 동사 た형 뒤에 접속되지만, 과거의 의미를 나타내는 것은 아닙니다.

❸ '~하기도 하고 ~하기도 합니다'라는 뜻으로도 해석할 수 있습니다.

STEP 2 　A-B 대화문 듣고 따라 말하기

A

しゅうまつ　なに
週末は 何を しますか。

주말에는 무엇을 해요?

B

ほん　よ　　　　　　　　　　　　み
本を 読んだり、ユーチューブを 見たり します。

책을 읽거나 유튜브를 보거나 해요.

STEP 3 　다양한 문장 직접 말하기

Q

でんしゃ　なか　なに
電車の 中で 何を しますか。

전철 안에서 무엇을 해요?

A

おんがく　　き　　　　　　ね
音楽を 聞いたり、寝たり します。

음악을 듣거나 자거나 해요.

Q 쉬는 날은 무엇을 해요?
やす　ひ　なに
休みの日は 何を しますか。

A 그림을 그리거나 카페에 가거나 해요.
え　　か　　　　　　　　　　　い
絵を 描いたり、カフェに 行ったり
します。

Q 한가할 때는 무엇을 해요?
ひま　とき　なに
暇な 時は 何を しますか。

A 게임을 하거나 친구와 수다 떨거나 해요.
とも
ゲームを したり、友だちと おしゃべ
りしたり します。

Q 퇴근 후에는 무엇을 해요?
たいきん　ご　なに
退勤 後は 何を しますか。

A 운동을 하거나 일본어 공부를 하거나 해요.
うんどう　　　　　　　に ほん ご　べんきょう
運動を したり、日本語の 勉強を
したり します。

동사 た형+り+동사 た형+り しました ~하거나 ~하거나 했습니다

 **STEP 1**　기본 문형 익히기

TRACK 04-03

동사 た형	+	り、	+	동사 た형	+	り しました

~하거나 ~하거나 했어요

あ 歩いた 걷	+	り、 거나	+	はし 走った 뛰	+	り しました。 거나 했어요.
た 食べた 먹	+	り、 거나	+	の 飲んだ 마시	+	り しました。 거나 했어요.
な 泣いた 울	+	り、 거나	+	わら 笑った 웃	+	り しました。 거나 했어요.
み 見た 보	+	り、 거나	+	き 聞いた 듣	+	り しました。 거나 했어요.

❶ 동사 た형 뒤에 「~り ~り しました」를 붙이면 '~하거나 ~하거나 했습니다'라는 뜻이 됩니다.

❷ '~하기도 하고 ~하기도 했습니다'라는 뜻으로도 해석할 수 있습니다.

A-B 대화문 듣고 따라 말하기

A 昨日も 運動を しましたか。
어제도 운동을 했어요?

B はい、グラウンドを 歩いたり、走ったり しました。
네, 운동장을 걷거나 뛰거나 했어요.

STEP 3 다양한 문장 직접 말하기

Q 日本で 何を しましたか。
일본에서 무엇을 했어요?

A おいしい ものを 食べたり、買い物を したり しました。
맛있는 것을 먹거나 쇼핑을 하거나 했어요.

Q 여름 방학에는 무엇을 했어요?
夏休みは 何を しましたか。

A 바다에서 수영하거나 캠핑을 가거나 했어요.
海で 泳いだり、キャンプに 行ったり しました。

Q 겨울 방학에는 무엇을 했어요?
冬休みは 何を しましたか。

A 스키를 타거나 눈사람을 만들거나 했어요.
スキーを したり、雪だるまを 作ったり しました。

Q 디즈니랜드에서 무엇을 했어요?
ディズニーランドで 何を しましたか。

A 놀이기구를 타거나 기념품을 사거나 했어요.
アトラクションに 乗ったり、お土産を 買ったり しました。

실전 회화

STEP 4 실전처럼 연습하기

TRACK 04-04

다나카 テオさんは 寝る 前に 何を しますか。

김태오 ユーチューブを 見たり、ゲームを したり します。

다나카 どんな ゲームですか。

김태오 パソコン ゲームです。田中さんは 何を しますか。

다나카 私は ジムに 行ったり、お酒を 飲んだり します。

김태오 いいですね。

TIP 동사 기본형 뒤에 「前に 전에」를 붙이면 '~하기 전에'라는 표현이 됩니다.
行く 前に 가기 전에
食べる 前に 먹기 전에

다나카 태오 씨는 자기 전에 무엇을 해요?

김태오 유튜브를 보거나 게임을 하거나 해요.

다나카 어떤 게임이에요?

김태오 컴퓨터 게임이에요. 다나카 씨는 무엇을 해요?

다나카 저는 헬스장에 가거나 술을 마시거나 해요.

김태오 좋네요.

단어 익히기

01 다음 제시된 단어를 보고 빈칸을 채워 보세요.

① 춤추다 　한자 ________________　히라가나 ________________

② 그리다 　한자 ________________　히라가나 ________________

③ 눈사람 　한자 ________________　히라가나 ________________

④ 겨울 방학 한자 ________________　히라가나 ________________

문장 익히기

02 다음 일본어 문장을 우리말로 해석해 보세요.

① 音楽を 聞いたり、寝たり します。

____

② 運動を したり、日本語の 勉強を したり します。

____

③ グラウンドを 歩いたり、走ったり しました。

____

④ 海で 泳いだり、キャンプに 行ったり しました。

____

⑤ 暇な 時は 何を しますか。

____

1 헬스장에 가거나 술을 마시거나 해요.

2 그림을 그리거나 카페에 가거나 해요.

3 맛있는 것을 먹거나 쇼핑을 하거나 했어요.

4 놀이기구를 타거나 기념품을 사거나 했어요.

5 쉬는 날에는 무엇을 했어요?

JLPT N5·N4 문법 대비 유형

04   다음 문장의 빈칸에 들어갈 말로 가장 적당한 것을 1·2·3·4에서 하나 고르세요.

1 ゲームを したり、友だちと (　　　　　) します。

  1 書いたり　　　　2 行ったり　　　　3 おしゃべりしたり　　4 買ったり

2 週末は 本を 読んだり、音楽を (　　　　　) します。

  1 聞いたり　　　　2 歩いたり　　　　3 食べたり　　　　4 笑ったり

3 冬休みは スキーを したり、(　　　　　) を 作ったり しました。

  1 グラウンド　　　2 雪だるま　　　3 キャンプ　　　4 退勤

UNIT 05

バイトを 探（さが）したら どうですか。

아르바이트를 찾는 게 어때요?

그림을 보면서 오늘 배울 내용을 떠올려 보세요.

오늘 배울 단어를 듣고 따라 읽어 보세요.

TRACK 05-01

聞（き）く	合（ごう）コンする	空（す）く	味（あじ）	うすい
묻다	미팅하다	(배가) 고프다, (속이) 비다	맛	싱겁다, 연하다
心配（しんぱい）だ	もう 一度（いちど）	カメラ	自由（じゆう）	日韓（にっかん）
걱정이다	한 번 더	카메라	자유	한일
交流（こうりゅう）	サークル	青色（あおいろ）	もらう	時間（じかん）
교류	동아리	파란색	받다	시간

동사 た형+ら どうですか ~하는 게 어떻습니까?

STEP 1 기본 문형 익히기

TRACK 05-02

동사 た형 + ら どうですか ~하는 게 어때요?

探した
찾는

聞いた
묻는

寝た
자는

合コンした
미팅하는

+

ら どうですか。
게 어때요?

① 동사 た형 뒤에 「ら どうですか」를 붙이면 '~하는 게 어떻습니까?'라는 뜻이 되며 상대방에게 행동을 제안하거나 조언을 할 때 쓸 수 있는 표현입니다.

② 마지막의 「どうですか」를 「どう」까지만 말하면 '~하면 어때?'라는 의미로 더 가볍고 캐주얼한 말투가 됩니다.

STEP 2　A-B 대화문 듣고 따라 말하기

A

お金が ないです。

돈이 없어요.

B

バイトを 探したら どうですか。

아르바이트를 찾는 게 어때요?

STEP 3　다양한 문장 직접 말하기

Q

お腹が 空きました。

배가 고픕니다.

TIP　'(배가) 고프다'라는 뜻을 나타내는 동사 「空く」는 현재 배가 고픈 상태를 말할 때도 과거 시제를 사용합니다.

A

パンでも 食べたら どうですか。

빵이라도 먹는 게 어때요?

Q 어제 늦게까지 잔업했어요.
昨日 遅くまで 残業しました。

A 오늘은 조금 쉬는 게 어때요?
今日は ちょっと 休んだら どうですか。

Q 이 요리는 맛이 싱거워요.
この 料理は 味が うすいです。

A 소금을 더 넣는 게 어때요?
塩を もっと 入れたら どうですか。

Q 내일 발표가 걱정이에요.
明日の 発表が 心配です。

A 다시 한 번, 연습하는 게 어때요?
もう 一度、練習したら どうですか。

~が ほしいです ~을/를 갖고 싶습니다

 **STEP 1**   기본 문형 익히기

TRACK 05-03

> 명사 + が ほしいです   ~을/를 갖고 싶어요

彼氏
かれ し
남자 친구

カメラ
카메라

家
いえ
집

自由
じ ゆう
자유

+

が ほしいです。
을/를 갖고 싶어요.

❶ 명사 뒤에 「が ほしいです」를 붙이면 '~을/를 갖고 싶습니다'라는 뜻이 되며 말하는 사람의 욕구나 희망을 나타낼 때 쓸 수 있는 표현입니다.

❷ 「が ほしいです」에서 「ほしい」는 '갖고 싶다, 탐나다'라는 의미의 い형용사입니다.

❸ 일반적으로 조사 「を」는 '을/를', 「が」는 '이/가'라는 의미로 사용됩니다. 단, 「ほしい」는 무언가를 원하는 대상이 문장의 주어가 되기 때문에 조사 「を」가 아닌 「が」를 사용해야 합니다.

STEP 2　A-B 대화문 듣고 따라 말하기

A
日本人の 彼氏が ほしいです。
일본인 남자 친구를 갖고 싶어요.

B
日韓交流 サークルに 入ったら どうですか。
한일 교류 동아리에 들어가는 게 어때요?

STEP 3　다양한 문장 직접 말하기

Q
青色の 傘が ほしいです。
파란색 우산을 갖고 싶어요.

A
この 傘は どうですか。
이 우산은 어때요?

Q 새 지갑을 갖고 싶어요.
新しい 財布が ほしいです。

A 생일에 받는 게 어때요?
誕生日に もらったら どうですか。

Q 혼자만의 시간을 갖고 싶어요.
一人の 時間が ほしいです。

A 알겠습니다.
分かりました。

Q 이 차를 갖고 싶어요.
この 車が ほしいです。

A 그 차는 매우 비싸요.
その 車は とても 高いです。

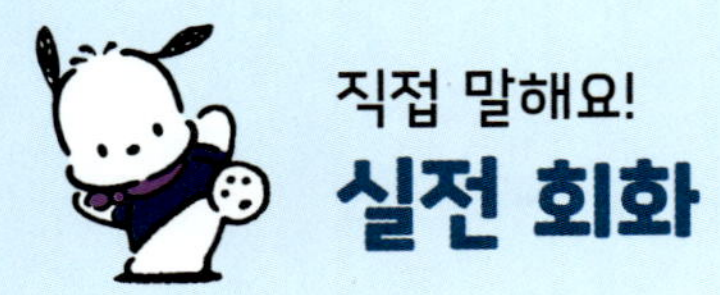

실전 회화

STEP 4   실전처럼 연습하기

스즈키	明日、彼女と 遊園地に 行きます。
최지아	うらやましい〜 私も 彼氏が ほしいです。
스즈키	合コンしたら どうですか。
최지아	いつも だめでした。
스즈키	じゃあ、趣味の 集まりで 探したら どうですか。
최지아	それ、いいですね！

TIP 「合コン」은 여러 남녀가 모여서 진행하는 '미팅'과 같은 개념입니다. 일본에서는 우리나라처럼 1:1로 만나는 '소개팅' 문화가 보편적이지 않기 때문에 '소개팅'에 해당하는 단어가 따로 존재하지 않습니다. 누군가의 소개로 만나게 되는 경우에는 단어 그대로 「紹介 소개」라는 표현을 사용합니다. 참고로 결혼을 전제로 한 '맞선'의 경우는 일본어로 「お見合い」라고 합니다.

스즈키	내일, 여자 친구랑 놀이공원에 가요.
최지아	부럽다~ 저도 남자 친구를 갖고 싶어요.
스즈키	미팅하는 게 어때요?
최지아	항상 안 됐어요.
스즈키	그러면, 취미 모임에서 찾는 게 어때요?
최지아	그거, 좋네요!

새 단어

遊園地 놀이공원, 유원지 | うらやましい 부럽다 | いつも 항상 | 趣味 취미 | 集まり 모임

단어 익히기

01 다음 제시된 단어를 보고 빈칸을 채워 보세요.

1 묻다 　　한자 ＿＿＿＿＿＿　　히라가나 ＿＿＿＿＿＿

2 미팅하다 　　한자 ＿＿＿＿＿＿　　히라가나 ＿＿＿＿＿＿

3 맛 　　한자 ＿＿＿＿＿＿　　히라가나 ＿＿＿＿＿＿

4 파란색 　　한자 ＿＿＿＿＿＿　　히라가나 ＿＿＿＿＿＿

문장 익히기

02 다음 일본어 문장을 우리말로 해석해 보세요.

1 パンでも 食べたら どうですか。

＿＿＿＿＿＿＿＿＿＿＿＿＿＿＿＿＿＿＿＿＿＿＿＿＿

2 もう 一度、練習したら どうですか。

＿＿＿＿＿＿＿＿＿＿＿＿＿＿＿＿＿＿＿＿＿＿＿＿＿

3 趣味の 集まりで 探したら どうですか。

＿＿＿＿＿＿＿＿＿＿＿＿＿＿＿＿＿＿＿＿＿＿＿＿＿

4 この 車が ほしいです。

＿＿＿＿＿＿＿＿＿＿＿＿＿＿＿＿＿＿＿＿＿＿＿＿＿

5 新しい カメラが ほしいです。

＿＿＿＿＿＿＿＿＿＿＿＿＿＿＿＿＿＿＿＿＿＿＿＿＿

1 아르바이트를 찾는 게 어때요?

----

2 오늘은 조금 쉬는 게 어때요?

----

3 저도 남자 친구를 갖고 싶어요.

----

4 넓은 집을 갖고 싶어요.

----

5 혼자만의 시간을 갖고 싶어요.

JLPT N5·N4 문법 대비 유형

04 다음 문장의 빈칸에 들어갈 말로 가장 적당한 것을 1·2·3·4에서 하나 고르세요.

1 塩を もっと (　　　　　　) どうですか。

1 飲んだら　　　　2 したら　　　　3 入れ たら　　　　4 入ったら

2 誕生日に 財布を (　　　　　　) どうですか。

1 もらったら　　　2 休んだら　　　3 寝たら　　　　4 聞いたら

3 青色の 傘 (　　　　　　) ほしいです。

1 で　　　　　　　2 を　　　　　　　3 が　　　　　　　4 に

UNIT 06

友だちに 会って 映画を 見ます。
친구를 만나서 영화를 봐요.

 그림을 보면서 오늘 배울 내용을 떠올려 보세요.

오늘 배울 단어를 듣고 따라 읽어 보세요.

TRACK 06-01

貸す 빌려주다	明後日 모레	サンドイッチ 샌드위치	どうやって 어떻게	ボタン 버튼
押す 누르다	ジョギング 조깅	体重 체중, 몸무게	どんどん 점점, 계속	増える 늘다, 증가하다
ドレス 드레스	体操服 체육복	遠足 소풍	用意する 준비하다	お弁当 도시락

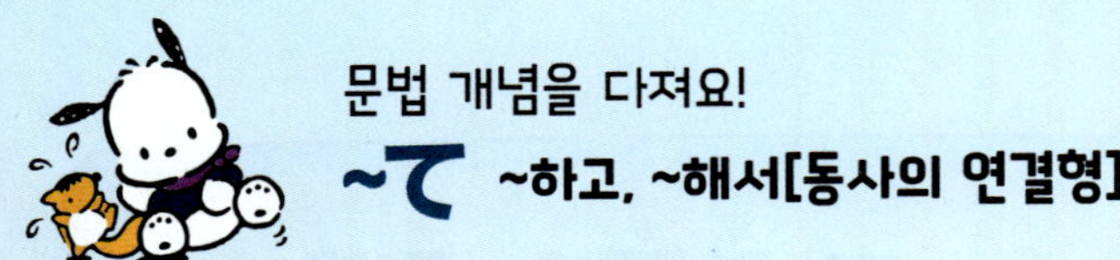

~て ~하고, ~해서[동사의 연결형]

1. て형[동사의 연결형]

일본어에서는 동사 연결형을 만들 때 동사 뒤에 「て」를 붙여 '~하고, ~해서'라고 합니다. 또한 동사 뒤에 「て」를 붙이는 방법은 동사 뒤에 「た」를 붙이는 방법과 완전히 동일하므로 「た」 대신 「て」를, 「だ」 대신 「で」를 붙이면 됩니다.

2. 1그룹 동사+て

1) 마지막 글자가 う・つ・る로 끝나는 동사

1그룹 동사 중 마지막 글자가 「う・つ・る」로 끝나는 동사의 경우 마지막 글자를 없앤 후 「って」를 붙이면 됩니다.

2) 마지막 글자가 ぬ・ぶ・む로 끝나는 동사

1그룹 동사 중 마지막 글자가 「ぬ・ぶ・む」로 끝나는 동사의 경우 마지막 글자를 없앤 후 「んで」를 붙이면 됩니다.

3) 마지막 글자가 く로 끝나는 동사

1그룹 동사 중 마지막 글자가 「く」로 끝나는 동사의 경우 마지막 글자를 없앤 후 「いて」를 붙이면 됩니다.

※ 예외 동사 行く

「行く」는 「く」로 끝나지만 「行いて」가 아닌 「行って」가 됩니다.

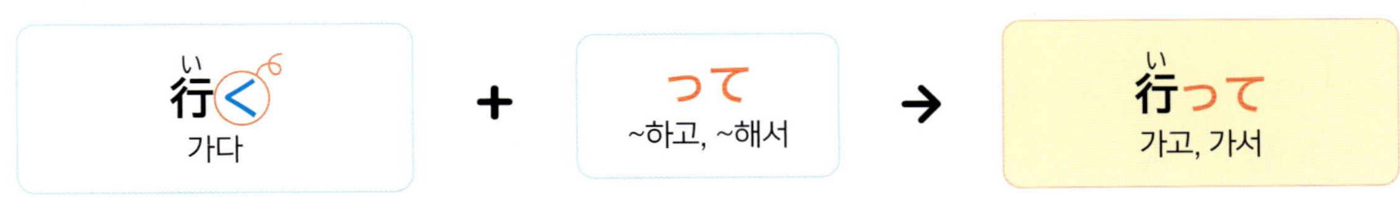

4) 마지막 글자가 ぐ로 끝나는 동사

1그룹 동사 중 마지막 글자가 「ぐ」로 끝나는 동사의 경우 마지막 글자를 없앤 후 「いで」를 붙이면 됩니다.

5) 마지막 글자가 す로 끝나는 동사

1그룹 동사 중 마지막 글자가 「す」로 끝나는 동사의 경우 마지막 글자를 없앤 후 「して」를 붙이면 됩니다.

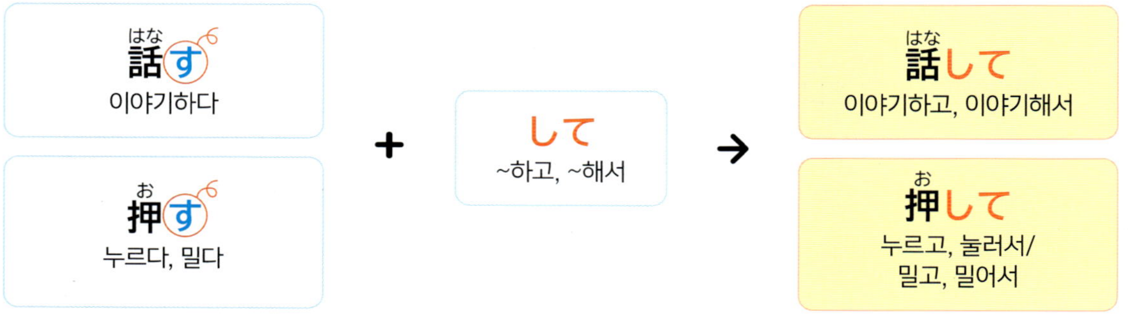

3. 2그룹 동사+て

마지막 글자인 「る」를 없애고 「て」를 붙입니다.

4. 3그룹 동사+て

3그룹 동사는 불규칙하므로 외워야 합니다.

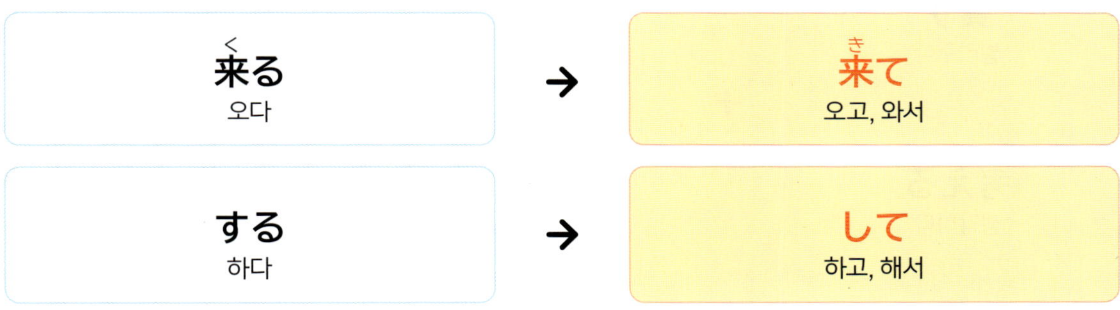

~て ~하고, ~해서[동사의 연결형]

STEP 1 기본 문형 익히기

て	~하고, ~해서

<table>
<tr><td>

よ
呼ぶ
부르다

</td><td></td><td>

よ
呼んで
부르고, 불러서

</td></tr>
<tr><td>

か
貸す
빌려주다

</td><td rowspan="2">

+ **て**
~하고, ~해서 **→**

</td><td>

か
貸して
빌려주고, 빌려줘서

</td></tr>
<tr><td>

かんが
考える
생각하다

</td><td>

かんが
考えて
생각하고, 생각해서

</td></tr>
<tr><td>

く
来る
오다

</td><td></td><td>

き
来て
오고, 와서

</td></tr>
</table>

❶ 1그룹 동사는 마지막 글자가 무엇인지에 따라 「って・んで・いて・いで・して」 중 한 가지를 붙입니다.

❷ 2그룹 동사는 마지막 글자인 「る」를 떼고 「て」를 붙입니다.

❸ 3그룹 동사는 규칙이 없으므로 통째로 외워야 합니다.

A

明後日は 何を しますか。

모레는 무엇을 하나요?

B

家に 友だちを 呼んで 一緒に 遊びます。

집에 친구를 불러서 같이 놀아요.

STEP 3　다양한 문장 직접 말하기

Q

今日は 彼女と 何を しますか。

오늘은 여자 친구와 무엇을 해요?

A

買い物を して おいしい お店に 行きます。

쇼핑을 하고 맛집에 가요.

Q 내일 점심은 무엇을 먹나요?

明日の 昼ご飯は 何を 食べますか。

A 샌드위치를 만들어서 먹어요.

サンドイッチを 作って 食べます。

Q 이 문은 어떻게 여나요?

この ドアは どうやって 開けますか。

A 이 버튼을 눌러서 열어요.

この ボタンを 押して 開けます。

Q 매일 아침에, 무엇을 하나요?

毎朝、何を しますか。

A 매일 아침에, 조깅을 하고 회사에 가요.

毎朝、ジョギングを して 会社に 行きます。

동사 て형+行きます ~하고 갑니다, ~해 갑니다

STEP 1   기본 문형 익히기

| 동사 て형 | + | 行きます | ~하고 가요, ~해 가요 |

乗って
타고

急いで
서둘러

+   行きます。
가요.

閉めて
닫고

練習して
연습하고

❶ 동사 て형 뒤에 「行く」를 붙이면 '~하고 가다'라는 동작의 이동을 나타냅니다.

❷ '~하고 가다'라는 동작의 이동 외에 '~해 가다'라는 변화의 뜻으로도 쓰입니다.
体重が どんどん 増えて 行きます。 체중이 점점 늘어가요.

❸ 「行く」 뒤에 「ます」를 붙여서 「て 行きます」를 만들면 '~하고 갑니다, ~해 갑니다'라는 뜻이 됩니다.

 **STEP 2** A-B 대화문 듣고 따라 말하기

A 今日は 会社に 何に 乗って 行きますか。
오늘은 회사에 무엇을 타고 가나요?

B バスに 乗って 行きます。
버스를 타고 가요.

 **STEP 3** 다양한 문장 직접 말하기

Q パーティーに 何を 着て 行きますか。
파티에 무엇을 입고 가나요?

A この ドレスを 着て 行きます。
이 드레스를 입고 가요.

Q 내일은 학교에 무엇을 가지고 가나요?
明日は 学校に 何を 持って 行きますか。

A 체육복을 가지고 가요.
体操服を 持って 行きます。

Q 오늘은 저녁을 먹고 가나요?
今日は 晩ご飯を 食べて 行きますか。

A 네, 친구와 저녁을 먹고 가요.
はい、友だちと 晩ご飯を 食べて 行きます。

Q 소풍에 무엇을 준비해 가나요?
遠足に 何を 用意して 行きますか。

A 도시락을 준비해 가요.
お弁当を 用意して 行きます。

STEP 4　실전처럼 연습하기

TRACK 06-04

김태모	田中さん、今日 何を しますか。
다나카	友だちに 会って 映画を 見ます。
김태모	どんな 映画ですか。
다나카	恋愛 映画です。テオさんは 何を しますか。
김태모	私は 家に 帰って 休みます。
다나카	いいですね！

TIP 일본어에서도 한국어와 마찬가지로 「映画 영화」 앞에 장르를 붙여 어떤 장르의 영화인지 표현할 수 있습니다. 예를 들어 「恋愛 映画 로맨스 영화」, 「ホラー 映画 공포 영화」, 「コメディー 映画 코미디 영화」, 「アクション 映画 액션 영화」 등이 있습니다.

김태모	다나카 씨, 오늘 뭐 해요?
다나카	친구를 만나서 영화를 봐요.
김태모	어떤 영화예요?
다나카	로맨스 영화예요. 태오 씨는 뭐 해요?
김태모	저는 집에 돌아가서 쉴 거예요.
다나카	좋네요!

새 단어

恋愛　로맨스, 연애

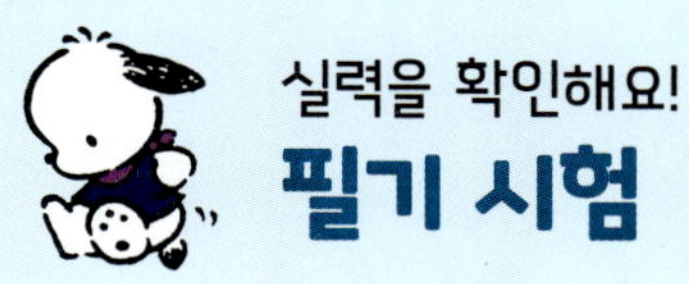

단어 익히기

01 다음 제시된 단어를 보고 빈칸을 채워 보세요.

1 빌려주다   한자 ___________________   히라가나 ___________________

2 매일 아침   한자 ___________________   히라가나 ___________________

3 소풍   한자 ___________________   히라가나 ___________________

4 로맨스, 연애   한자 ___________________   히라가나 ___________________

문장 익히기

02 다음 일본어 문장을 우리말로 해석해 보세요.

1 私は 家に 帰って 休みます。

____

2 友だちに 会って 映画を 見ます。

____

3 遠足に お弁当を 用意して 行きます。

____

4 今日は 彼女と 何を しますか。

____

5 パーティーに 何を 着て 行きますか。

____

1 샌드위치를 만들어서 먹어요.

2 이 드레스를 입고 가요.

3 학교에 체육복을 가지고 가요.

4 매일 아침에, 조깅을 하고 회사에 가요.

5 오늘은 저녁을 먹고 가나요?

JLPT N5·N4 문법 대비 유형

04 다음 문장의 빈칸에 들어갈 말로 가장 적당한 것을 1·2·3·4에서 하나 고르세요.

1 家に 友だちを (　　　　　　) 一緒に 遊びます。

　1 話して　　　　2 会って　　　　3 出て　　　　4 呼んで

2 この ドアは ボタンを (　　　　　　) 開けます。

　1 押して　　　　2 急いで　　　　3 行って　　　　4 考えて

3 会社に バスに (　　　　　　) 行きます。

　1 起きて　　　　2 泳いで　　　　3 乗って　　　　4 出かけて

今、横に なって います。
지금, 누워 있어요.

그림을 보면서 오늘 배울 내용을 떠올려 보세요.

오늘 배울 단어를 듣고 따라 읽어 보세요.

TRACK 07-01

横に なる	空港	眼鏡	ベージュ	娘さん
눕다	공항	안경	베이지	딸, 따님[남의 딸을 높여서 지칭할 때 씀]
ソファー	通う	閉まる	壊れる	ストレッチする
소파	다니다	닫히다	고장 나다	스트레칭하다

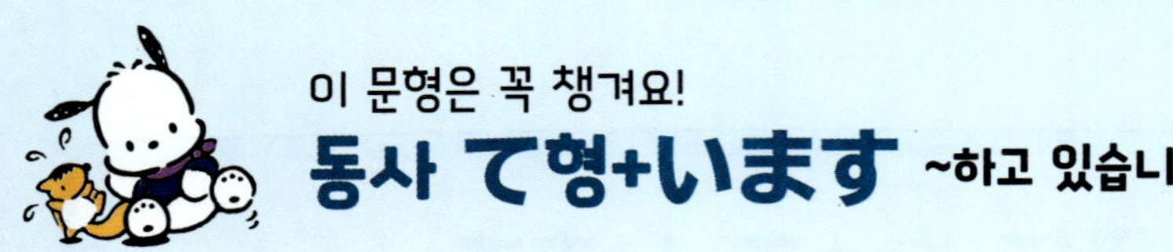

 **STEP 1**　기본 문형 익히기

TRACK 07-02

降^ふって 내리고	
待^まって 기다리고	**+**
片付^{かた づ}けて 정리하고	**います。** 있어요.
来^きて 오고	

❶ 동사 て형 뒤에 「いる」를 붙이면 '~하고 있다, ~해 있다'라는 뜻이 되며 동작의 진행이나 상태의 지속을 나타낼 때 쓸 수 있는 표현입니다.

❷ 동작의 진행을 나타낼 때는 '~하고 있다'라고 해석하며, 상태의 지속을 나타낼 때는 '~해 있다'라고 해석합니다.

　[진행] 片付^{かた づ}けて いる。　정리하고 있다.

　[상태] 横^{よこ}に なって いる。　누워 있다.

❸ 「いる」 뒤에 「ます」를 붙여서 「て います」를 만들면 '~하고 있습니다, ~해 있습니다'라는 뜻이 됩니다.

STEP 2　A-B 대화문 듣고 따라 말하기

A　今、雨が 降って いますか。
지금, 비가 내리고 있나요?

B　はい、雨が 降って います。
네, 비가 내리고 있어요.

STEP 3　다양한 문장 직접 말하기

Q　彼は どこで 働いて いますか。
그는 어디에서 일하고 있나요?

A　彼は 空港で 働いて います。
그는 공항에서 일하고 있어요.

Q 무엇을 찾고 있나요?
何を 探して いますか。

A 안경을 찾고 있어요.
眼鏡を 探して います。

Q 그녀는 무엇을 입고 있나요?
彼女は 何を 着て いますか。

A 그녀는 베이지 원피스를 입고 있어요.
彼女は ベージュの ワンピースを
着て います。

Q 따님은 무엇을 하고 있나요?
娘さんは 何を して いますか。

A 지금, 소파에 누워 있어요.
今、ソファーに 横に なって います。

동사 て형+いません ~하고 있지 않습니다

STEP 1 기본 문형 익히기

TRACK 07-03

| 동사 て형 | + | いません | ~하고 있지 않아요 |

通って
다니고

話して
이야기하고

見て
보고

仕事して
일하고

+

いません。
있지 않아요.

❶ 동사 て형 뒤에 「いない」를 붙이면 '~하고 있지 않다, ~해 있지 않다'라는 뜻이 됩니다.

❷ 「いる」 뒤에 「ません」을 붙여서 「て いません」을 만들면 '~하고 있지 않습니다, ~해 있지 않습니다'라는 뜻이 됩니다.

STEP 2　A-B 대화문 듣고 따라 말하기

A
日本語の　塾に　通って　いますか。
일본어 학원에 다니고 있나요?

B
いいえ、塾に　通って　いません。
아니요, 학원에 다니고 있지 않아요.

STEP 3　다양한 문장 직접 말하기

Q
子供は　寝て　いますか。
아이는 자고 있나요?

A
まだ　寝て　いません。
아직 자고 있지 않아요.

Q 레스토랑은 닫혀 있나요?
レストランは　閉まって　いますか。

A 레스토랑은 닫혀 있지 않아요.
レストランは　閉まって　いません。

Q 그 시계는 고장 나 있나요?
その　時計は　壊れて　いますか。

A 이 시계는 고장 나 있지 않아요.
この　時計は　壊れて　いません。

Q 매일, 스트레칭하고 있나요?
毎日、ストレッチして　いますか。

A 매일, 스트레칭하고 있지 않아요.
毎日、ストレッチして　いません。

실전처럼 연습하기

최지아 鈴木さん、今、どこですか。

스즈키 家です。横に なって います。

최지아 すみませんが、お願いが あります。

스즈키 はい、何ですか。

최지아 今、雨が 降って いますが、傘が ありません。

스즈키 分かりました。傘を 持って 行きます。

TIP '비가 내리다'라고 할 때의 '내리다'는 「降る」를 사용하지만, 버스나 지하철 등 탈 것에서 '내리다'라고 할 때는 「降りる」를 사용합니다.

雨が 降る。 비가 내리다. | バスを 降りる。 버스를 내리다.

최지아 스즈키 씨, 지금, 어디예요?

스즈키 집이에요. 누워 있어요.

최지아 미안하지만, 부탁이 있어요.

스즈키 네, 뭐예요?

최지아 지금, 비가 내리고 있지만, 우산이 없어요.

스즈키 알겠어요. 우산을 가지고 갈게요.

새 단어

お願い 부탁

단어 익히기

01 다음 제시된 단어를 보고 빈칸을 채워 보세요.

1 공항 　한자 ____________________ 　히라가나 ____________________

2 딸, 따님 　한자 ____________________ 　히라가나 ____________________

3 부탁 　한자 ____________________ 　히라가나 ____________________

4 고장 나다 　한자 ____________________ 　히라가나 ____________________

문장 익히기

02 다음 일본어 문장을 우리말로 해석해 보세요.

1 眼鏡を 探して います。

____

2 今、ソファーに 横に なって います。

____

3 塾に 通って いません。

____

4 雨が 降って いますが、傘が ありません。

____

5 レストランは 閉まって いますか。

____

03 다음 우리말 문장을 일본어로 바꾸어 보세요.

1 남자 친구도 오고 있어요.

---

2 그는 공항에서 일하고 있어요.

---

3 그녀는 베이지 원피스를 입고 있어요.

---

4 아이는 아직 자고 있지 않아요.

---

5 매일, 스트레칭하고 있나요?

---

04 다음 문장의 빈칸에 들어갈 말로 가장 적당한 것을 1·2·3·4에서 하나 고르세요.

1 今、雨が (　　　　　) います。

　1 出て　　　　　2 降りて　　　　　3 降って　　　　　4 来て

2 この 時計は (　　　　　) いません。

　1 壊れた　　　　2 壊れて　　　　　3 壊れって　　　　4 壊れる

3 娘さんは 何を (　　　　　)。

　1 しました　　　2 しません　　　　3 して います　　　4 して いますか

ドラマを 見て みます。

드라마를 봐 볼게요.

그림을 보면서 오늘 배울 내용을 떠올려 보세요.

오늘 배울 단어를 듣고 따라 읽어 보세요.

TRACK 08-01

あつ 集まり 모임	こんど 今度 다음번, 이번	じぶん 自分で 스스로	ご フランス語 프랑스어	かつどう 活動する 활동하다
プサン 부산[지명]	りょかん 旅館 료칸 [일본의 전통 숙박 시설]	れんきゅう 連休 연휴	がっき 楽器 악기	ギター 기타
だいがくせい 大学生 대학생	うち ~동안	せいかつ 生活する 생활하다		

동사 て형+みます ~해 보겠습니다

 **STEP 1** 기본 문형 익히기

동사 て형 + みます ~해 볼게요

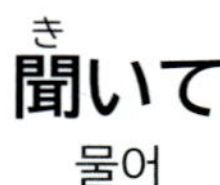

聞いて
물어

飲んで
마셔

調べて
조사해, 알아

来て
와

+

みます。
볼게요.

❶ 동사 て형 뒤에 「みる」를 붙이면 '~해 보다'라는 뜻이 되며 무언가를 시도하거나 경험 삼아 해 보겠다고 할 때 쓸 수 있는 표현입니다.

❷ '보다'라는 의미의 동사 「みる」를 사용하지만 실제로 무언가를 눈으로 보는 것이 아니기 때문에 한자 「見る」가 아닌 히라가나 「みる」로 표기해야 합니다.

❸ 「みる」 뒤에 「ます」를 붙여서 「て みます」를 만들면 '~해 보겠습니다'라는 뜻이 됩니다.

A-B 대화문 듣고 따라 말하기

A 明日の 集まりに 田中さんも 来ますか。
내일 모임에 다나카 씨도 와요?

B 田中さんに 聞いて みます。
다나카 씨에게 물어볼게요.

다양한 문장 직접 말하기

Q あの お店の うどん、おいしいですよ。
저 가게의 우동, 맛있어요.

A 今度、食べて みます。
다음번에, 먹어 볼게요.

Q 이 요리는 매우 간단해요.
この 料理は とても 簡単です。

A 그러면, 스스로 만들어 볼게요.
じゃ、自分で 作って みます。

Q 주말에, 같이 도서관에 가지 않을래요?
週末、一緒に 図書館に 行きませんか。

A 조금 생각해 볼게요.
ちょっと 考えて みます。

Q 프랑스어 공부, 즐거워요.
フランス語の 勉強、楽しいですよ。

A 저도 공부해 볼게요.
私も 勉強して みます。

동사 て형+みたいです ~해 보고 싶습니다

 **STEP 1**　기본 문형 익히기

い
行って
가

はな
話して
이야기해

た
食べて
먹어

かつどう
活動して
활동해

＋

みたいです。
보고 싶어요.

① 동사 て형 뒤에 「みたい」를 붙이면 '~해 보고 싶다'라는 뜻이 되며 어떤 행동에 대한 희망이나 바람을 나타낼 때 쓸 수 있는 표현입니다.

② 「みたい」는 「みる 보다」에 「たい ~하고 싶다」를 붙인 표현입니다.

③ 「みたい」 뒤에 「です」를 붙여서 「て みたいです」를 만들면 '~해 보고 싶습니다'라는 뜻이 됩니다.

A
韓国の どこに 行って みたいですか。
한국의 어디에 가 보고 싶나요?

B
プサンに 行って みたいです。
부산에 가 보고 싶어요.

Q
日本で 何を して みたいですか。
일본에서 무엇을 해 보고 싶나요?

A
旅館で 泊まって みたいです。
료칸에서 묵어 보고 싶어요.

Q 연휴에 무엇을 해 보고 싶나요?
連休に 何を して みたいですか。

A 후지산에 올라 보고 싶어요.
富士山に 登って みたいです。

Q 어떤 악기를 배워 보고 싶나요?
どんな 楽器を 習って みたいですか。

A 기타를 배워 보고 싶어요.
ギターを 習って みたいです。

Q 대학생 동안에 무엇을 해 보고 싶나요?
大学生の うちに 何を して みたいですか。

A 해외에서 생활해 보고 싶어요.
海外で 生活して みたいです。

실전 회화

 **STEP 4** 실전처럼 연습하기

TRACK 08-04

김태모 日本の ドラマを 見て みたいですが、おすすめが ありますか。

다나카 じゃあ、この ドラマを 見て みたら どうですか。

김태모 田中さんは 全部 見ましたか。

다나카 全部 見ましたよ。面白かったです。

김태모 ありがとうございます。今度、見て みます。

다나카 はい、おすすめですよ。

TIP 「おすすめ 추천」의 경우 외래어나 외국어는 아니지만 강조를 위해 식당이나 돈키호테 등에서 「オススメ」와 같이 가타카나로 표기하기도 합니다.

김태모 일본 드라마를 봐 보고 싶은데, 추천이 있나요?

다나카 그러면, 이 드라마를 봐 보는 게 어때요?

김태모 다나카 씨는 전부 봤어요?

다나카 전부 봤어요. 재미있었어요.

김태모 고마워요. 다음번에, 봐 볼게요.

다나카 네, 추천이에요.

 ## 새 단어

おすすめ 추천

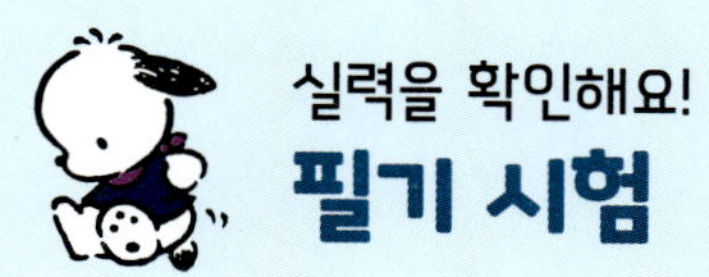

필기 시험

단어 익히기

01 다음 제시된 단어를 보고 빈칸을 채워 보세요.

1 스스로 한자 ____ 히라가나 ____

2 료칸 한자 ____ 히라가나 ____

3 악기 한자 ____ 히라가나 ____

4 다음번, 이번 한자 ____ 히라가나 ____

문장 익히기

02 다음 일본어 문장을 우리말로 해석해 보세요.

1 田中さんに 聞いて みます。

____

2 プサンに 行って みたいです。

____

3 富士山に 登って みたいです。

____

4 大学生の うちに 海外で 生活して みたいです。

____

5 日本の ドラマを 見て みたいですが、おすすめが ありますか。

____

1 스스로 만들어 볼게요.

-----

2 조금 생각해 볼게요.

-----

3 료칸에서 묵어 보고 싶어요.

-----

4 그와 이야기해 보고 싶어요.

-----

5 연휴에 무엇을 해 보고 싶어요?

JLPT N5·N4 문법 대비 유형

04 다음 문장의 빈칸에 들어갈 말로 가장 적당한 것을 1·2·3·4에서 하나 고르세요.

1 今度、あの お店の うどんを (　　　　　　)。

　　1 食べて います　　　　　　　2 食べて みます

　　3 食べた ことが あります　　　　4 食べて

2 この ドラマを (　　　　　) 見ましたよ。

　　1 全然　　　　　　2 あまり　　　　　3 全部　　　　　4 おすすめ

3 どんな 楽器を (　　　　　) みたいですか。

　　1 習って　　　　2 習い　　　　3 習う　　　　4 習った

ちょっと 待^まって ください。

잠깐 기다려 주세요.

그림을 보면서 오늘 배울 내용을 떠올려 보세요.

오늘 배울 단어를 듣고 따라 읽어 보세요.

TRACK 09-01

座^{すわ}る	いたずら	名前^{な まえ}	空^あき瓶^{びん}	電話番号^{でん わ ばんごう}
앉다	장난	이름	빈 병	전화번호
電気^{でん き}	説明^{せつめい}する			
불, 전등	설명하다			

동사 て형+ください ~해 주세요

 **STEP 1**　기본 문형 익히기

TRACK 09-02

座^{すわ}って 앉아	
待^まって 기다려	**+**　ください。 주세요.
答^{こた}えて 대답해	
来^きて 와	

❶ 동사 て형 뒤에 「ください」를 붙이면 '~해 주세요'라는 뜻이 되며 무언가를 공손하게 지시하거나 부탁할 때 쓸 수 있는 표현입니다.

❷ 주로 안내문, 공지문, 공공장소 등에서 자주 사용됩니다.

STEP 2　　A-B 대화문 듣고 따라 말하기

A
どこに 座りますか。
어디에 앉아요?

B
ここに 座って ください。
여기에 앉아 주세요.

STEP 3　　다양한 문장 직접 말하기

Q
いたずらは やめて ください。
장난은 그만둬 주세요.

A
すみません。
죄송합니다.

Q 이름은 여기에 써 주세요.
名前は ここに 書いて ください。

A 네, 여기에 쓸게요.
はい、ここに 書きます。

Q 빈 병은 이쪽에 버려 주세요.
空き瓶は こちらに 捨てて ください。

A 네, 그렇게 할게요.
はい、そう します。

Q 또 와 주세요.
また 来て ください。

A 네, 물론이지요!
はい、もちろんです！

동사 て형+くださいませんか ~해 주시지 않겠습니까?

STEP 1　기본 문형 익히기

동사 て형 ＋ くださいませんか　~해 주시지 않겠습니까?

て つだ
手伝って
도와

い
言って
말해

おし
教えて
가르쳐

でん わ
電話して
전화해

＋

くださいませんか。
주시지 않겠습니까?

---

❶ 동사 て형 뒤에 「くださいませんか」를 붙이면 '~해 주시지 않겠습니까'라는 뜻이 되며 「て ください」보다 한층 더 공손하게 부탁할 때 쓸 수 있는 표현입니다.

STEP 2 　A-B 대화문 듣고 따라 말하기

A　ちょっと 手伝って くださいませんか。

잠깐 도와주시지 않겠습니까?

B　すみません、今は 時間が ないです。

죄송합니다, 지금은 시간이 없어요.

STEP 3 　다양한 문장 직접 말하기

Q　メニューを 持って きて くださいませんか。

메뉴판을 가지고 와 주시지 않겠습니까?

A　はい、今 持って いきます。

네, 지금 가지고 갈게요.

Q 전화번호를 가르쳐 주시지 않겠습니까?
電話番号を 教えて くださいませんか。

A 네, 알겠습니다.
はい、分かりました。

Q 불을 켜 주시지 않겠습니까?
電気を つけて くださいませんか。

A 네, 켤게요.
はい、つけます。

Q 한 번 더 설명해 주시지 않겠습니까?
もう 一度 説明して くださいません
か。

A 네, 한 번 더 천천히 설명할게요.
はい、もう 一度 ゆっくり 説明します。

실전 회화

 **STEP 4** 실전처럼 연습하기

TRACK 09-04

최지아	ちょっと 待って ください。財布を 探して います。
점원	大丈夫ですよ。急がなくても いいです。
최지아	見つけました。すみません、アイス コーヒーを ください。
점원	かしこまりました。
최지아	あ、テーブルも 片付けて くださいませんか。
점원	はい、すぐに 片付けます。少し 待って ください。

TIP '알겠습니다'라고 할 때 일반적으로는 「分かりました」라는 표현을 자주 사용하지만, 점원이 손님에게 혹은 직원이 상사에게 '알겠습니다'라고 할 때는 더 정중한 표현인 「かしこまりました」를 사용합니다.

최지아	잠깐 기다려 주세요. 지갑을 찾고 있어요.
점원	괜찮아요. 서두르지 않아도 돼요.
최지아	찾았어요. 죄송해요, 아이스 커피를 주세요.
점원	알겠습니다.
최지아	아, 테이블도 정리해 주시지 않겠습니까?
점원	네, 바로 정리하겠습니다. 조금 기다려 주세요.

새 단어

見つける 찾다　│　かしこまる 알다[分かる의 겸양어], 명령을 받들다　│　すぐに 바로, 곧

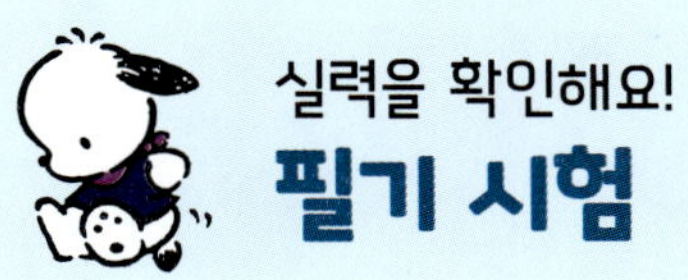

단어 익히기

01 다음 제시된 단어를 보고 빈칸을 채워 보세요.

1 앉다   한자   히라가나

2 전화번호   한자   히라가나

3 불, 전등   한자   히라가나

4 찾다   한자   히라가나

문장 익히기

02 다음 일본어 문장을 우리말로 해석해 보세요.

1 ちょっと 待って ください。

2 名前は ここに 書いて ください。

3 空き瓶は こちらに 捨てて ください。

4 電気を つけて くださいませんか。

5 もう 一度 説明して くださいませんか。

03 다음 우리말 문장을 일본어로 바꾸어 보세요.

1 장난은 그만둬 주세요.

-----

2 또 와 주세요.

-----

3 잠깐 도와주시지 않겠습니까?

-----

4 메뉴판을 가지고 와 주시지 않겠습니까?

-----

5 전화번호를 가르쳐 주시지 않겠습니까?

JLPT N5·N4 문법 대비 유형

04 다음 문장의 빈칸에 들어갈 말로 가장 적당한 것을 1·2·3·4에서 하나 고르세요.

1 ここに（　　　　　　）ください。

   1 座_{すわ}った　　**2** 座_{すわ}って　　**3** 座_{すわ}て　　**4** 座_{すわ}ら

2 今_{いま}、（　　　　　　）くださいませんか。

   1 電話_{でんわ}して　　**2** 電話_{でんわ}し　　**3** 電話_{でんわ}した　　**4** 電話_{でんわ}したい

3 テーブルの　上_{うえ}を（　　　　　　）くださいませんか。

   1 手伝_{てつだ}って　　**2** 教_{おし}えて　　**3** つけて　　**4** 片付_{かたづ}けて

手伝って　ほしいです。
도와줬으면 좋겠어요.

그림을 보면서 오늘 배울 내용을 떠올려 보세요.

오늘 배울 단어를 듣고 따라 읽어 보세요.

TRACK 10-01

息子さん(むすこ)	ご主人(しゅじん)	洗濯(せんたく)	プレゼン	確認する(かくにん)
아들, 아드님[남의 아들을 높여서 지칭할 때 씀]	남편[남의 남편을 높여서 지칭할 때 씀]	빨래, 세탁	프레젠테이션	확인하다
そんな	冗談(じょうだん)	ごめんなさい	スカート	はく
그런	농담	죄송합니다, 미안합니다	치마	(하의를) 입다

동사 て형+ほしいです ~해 줬으면 좋겠습니다

 **STEP 1** 기본 문형 익히기

동사 **て형** + **ほしいです** ~해 줬으면 좋겠어요

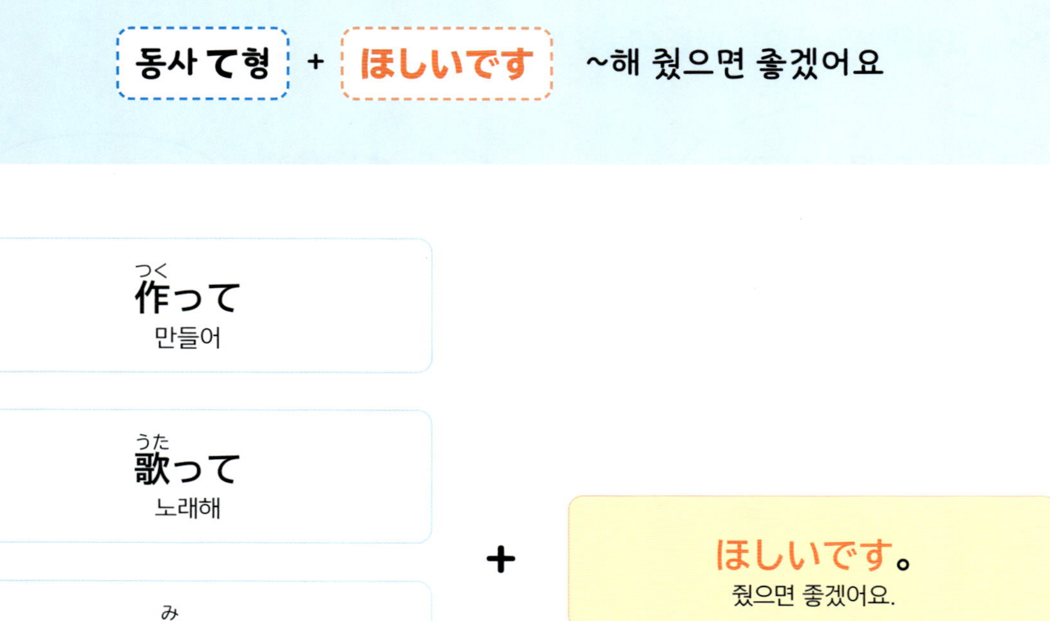

❶ 동사 て형 뒤에 「ほしい」를 붙이면 '~해 줬으면 좋겠다'라는 뜻이 되며 상대방이 어떤 행동을 해 주기를 바라는 희망이나 부탁을 나타낼 때 쓰는 표현입니다.

❷ 「て ほしい」 뒤에 「です」를 붙여서 「て ほしいです」를 만들면 '~해 줬으면 좋겠습니다'라는 뜻이 됩니다.

 **STEP 2** A-B 대화문 듣고 따라 말하기

A
彼女に 何を して ほしいですか。
여자 친구가 무엇을 해 줬으면 좋겠습니까?

B
料理を 作って ほしいです。
요리를 만들어 줬으면 좋겠어요.

STEP 3 다양한 문장 직접 말하기

Q
息子さんに 何を して ほしいですか。
아드님이 무엇을 해 줬으면 좋겠습니까?

A
野菜を 食べて ほしいです。
채소를 먹어 줬으면 좋겠어요.

Q 그가 무엇을 해 줬으면 좋겠습니까?
彼に 何を して ほしいですか。

A 빨리 사과해 줬으면 좋겠어요.
早く 謝って ほしいです。

Q 남편이 무엇을 해 줬으면 좋겠습니까?
ご主人に 何を して ほしいですか。

A 빨래를 도와줬으면 좋겠어요.
洗濯を 手伝って ほしいです。

Q 제가 무엇을 해 줬으면 좋겠습니까?
私に 何を して ほしいですか。

A 프레젠테이션 자료를 확인해 줬으면 좋겠어요.
プレゼンの 資料を 確認して ほしいです。

동사 て형+ほしくないです ~하지 않아 줬으면 좋겠습니다

STEP 1 기본 문형 익히기

TRACK 10-03

동사 **て**형 + **ほしくないです** ~하지 않아 줬으면 좋겠어요

言って
말하지

会って
만나지

忘れて
잊지

運転して
운전하지

+

ほしくないです。
않아 줬으면 좋겠어요.

---

❶ 동사 て형 뒤에 「ほしくない」를 붙이면 '~하지 않아 줬으면 좋겠다'라는 뜻이 되며 상대방이 어떤 행동을 하지 않기를 바라는 소망이나 바람을 나타낼 때 쓰는 표현입니다.

❷ 「て ほしくない」 뒤에 「です」를 붙여서 「て ほしくないです」를 만들면 '~하지 않아 줬으면 좋겠습니다'라는 뜻이 됩니다.

STEP 2 A-B 대화문 듣고 따라 말하기

A そんな 冗談（じょうだん）を 言（い）って ほしくないです。
그런 농담을 말하지 않아 줬으면 좋겠어요.

B ごめんなさい。
죄송합니다.

STEP 3 다양한 문장 직접 말하기

Q 今（いま）は 部屋（へや）に 入（はい）って ほしくないです。
지금은 방에 들어오지 않아 줬으면 좋겠어요.

A 分（わ）かりました。
알겠어요.

Q 무리해서 일하지 않아 줬으면 좋겠어요.
無理（むり）して 働（はたら）いて ほしくないです。

A 감사합니다. 조금 쉴게요.
ありがとうございます。少（すこ）し 休（やす）みます。

Q 혼자서 가지 않아 줬으면 좋겠어요.
一人（ひとり）で 行（い）って ほしくないです。

A 앞으로는 같이 갈게요.
これからは 一緒（いっしょ）に 行（い）きます。

Q 그 치마는 입지 않아 줬으면 좋겠어요.
その スカートは はいて ほしくない です。

A 조금 짧나요?
ちょっと 短（みじか）いですか？

STEP 4　실전처럼 연습하기

TRACK 10-04

김태오	田中さん、ちょっと 手伝って ほしいです。
다나카	いいですよ。何を 手伝いましょうか。
김태오	この 資料を 確認して ほしいです。
다나카	分かりました。
김태오	それから、明日の 会議にも 参加して ほしいです。
다나카	はい、任せて ください。

TIP 최근 유행하는 '오마카세(お任せ)'라는 말은 '맡기다'라는 의미의 동사 「任せる」에서 유래된 단어입니다. 따라서 음식의 메뉴를 '셰프에게 맡긴다'라는 뜻이 포함되어 있습니다.

김태오	다나카 씨, 좀 도와줬으면 좋겠어요.
다나카	좋아요. 무엇을 도와줄까요?
김태오	이 자료를 확인해 줬으면 좋겠어요.
다나카	알겠어요.
김태오	그리고, 내일 회의에도 참가해 줬으면 좋겠어요.
다나카	네, 맡겨 주세요.

 새 단어

それから 그리고, 그 다음에　|　参加する 참가하다　|　任せる 맡기다

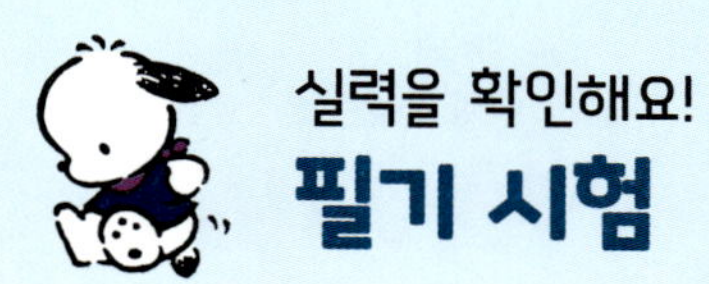

필기 시험

01 다음 제시된 단어를 보고 빈칸을 채워 보세요.

1 농담 　한자 ______　　히라가나 ______

2 참가하다 　한자 ______　　히라가나 ______

3 빨래, 세탁 　한자 ______　　히라가나 ______

4 확인하다 　한자 ______　　히라가나 ______

02 다음 일본어 문장을 우리말로 해석해 보세요.

1 野菜を 食べて ほしいです。

______

2 今は 部屋に 入って ほしくないです。

______

3 一人で 行って ほしくないです。

______

4 その スカートは はいて ほしくないです。

______

5 私に 何を して ほしいですか。

______

1 요리를 만들어 줬으면 좋겠어요.

2 프레젠테이션 자료를 확인해 줬으면 좋겠어요.

3 내일 회의에도 참가해 줬으면 좋겠어요.

4 무리해서 일하지 않아 줬으면 좋겠어요.

5 이 치마는 조금 짧지요?

JLPT N5·N4 문법 대비 유형

04 다음 문장의 빈칸에 들어갈 말로 가장 적당한 것을 1·2·3·4에서 하나 고르세요.

1 彼女に 洗濯を (　　　　　) ほしいです。

　1 来て　　　　　**2** 作って　　　　　**3** 手伝って　　　　　**4** 歌って

2 彼に 早く (　　　　　) ほしいです。

　1 謝る　　　　　**2** 謝った　　　　　**3** 謝て　　　　　**4** 謝って

3 そんな 冗談を 言って (　　　　　) です。

　1 ほし　　　　　**2** ほしくない　　　　　**3** ほしない　　　　　**4** ほしく

飲み物を 買って おきます。

음료를 사 두어요.

그림을 보면서 오늘 배울 내용을 떠올려 보세요.

오늘 배울 단어를 듣고 따라 읽어 보세요.

TRACK 11-01

て おく ~해 두다, ~해 놓다	赤ちゃん 아기	生まれる 태어나다	ポップコーン 팝콘	船 (타는) 배
の ために ~을/를 위해서	ピクニック 소풍, 피크닉	記念日 기념일	健康 건강	お客さん 손님
面接 면접	試験 시험	復習する 복습하다		

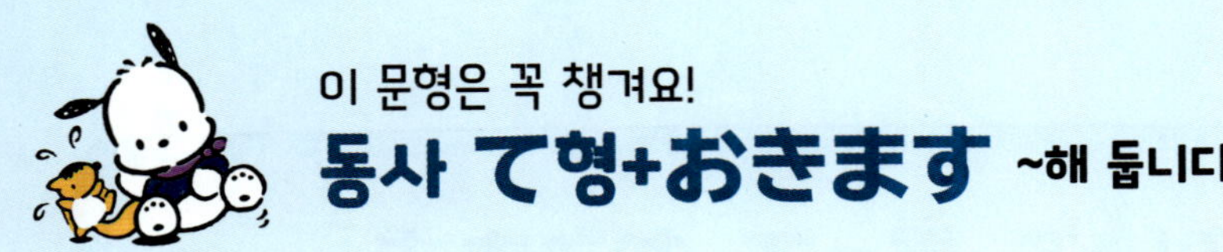

동사 て형+おきます ~해 둡니다

 **STEP 1** 기본 문형 익히기

TRACK 11-02

買って
사

切って
잘라

見て
봐

買い物して
쇼핑해

+

おきます。
두어요.

❶ 동사 て형 뒤에 「おく」를 붙이면 '~해 두다, ~해 놓다'라는 뜻이 되며 어떤 일을 하기 전에 무언가를 미리 준비할 때 쓰는 표현입니다.

❷ '두다, 놓다'라는 의미의 동사 「おく」를 사용하지만 실제로 어딘가에 물건을 두는 것이 아니기 때문에 한자 「置く」가 아닌 히라가나 「おく」로 표기해야 합니다.

❸ 「おく」 뒤에 「ます」를 붙여서 「て おきます」를 만들면 '~해 둡니다, ~해 놓습니다'라는 뜻이 됩니다.

 **STEP 2**　A-B 대화문 듣고 따라 말하기

A
あか
赤ちゃんが 生まれる 前に 何を しますか。
아기가 태어나기 전에 무엇을 하나요?

B
赤ちゃんの 服と ベッドを 買って おきます。
아기의 옷과 침대를 사 두어요.

 **STEP 3**　다양한 문장 직접 말하기

Q
映画を 見る 前に 何を しますか。
영화를 보기 전에 무엇을 하나요?

A
ポップコーンを 買って おきます。
팝콘을 사 두어요.

Q 배에 타기 전에 무엇을 하나요?
船に 乗る 前に 何を しますか。

A 약을 먹어 두어요.
薬を 飲んで おきます。

Q 친구가 집에 오기 전에 무엇을 하나요?
友だちが 家に 来る 前に 何を しますか。

A 방을 정리해 두어요.
部屋を 片付けて おきます。

Q 여행하기 전에 무엇을 하나요?
旅行する 前に 何を しますか。

A 호텔을 예약해 두어요.
ホテルを 予約して おきます。

명사+の ために+동사 て형+おきます ~을/를 위해서 ~해 둡니다

STEP 1 기본 문형 익히기

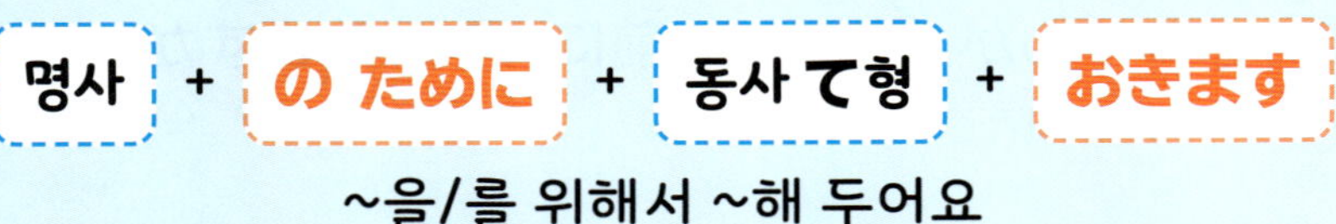

명사 + **の ために** + 동사 て형 + **おきます**

~을/를 위해서 ~해 두어요

❶ 명사 뒤에 「の ために」를 붙이면 '~을/를 위해서'라는 뜻이 되며 목적을 나타낼 때 쓸 수 있는 표현입니다.

STEP 2   A-B 대화문 듣고 따라 말하기

A ピクニックの ために 何を しますか。
소풍을 위해서 무엇을 하나요?

B ピクニックの ために お弁当を 作って おきます。
소풍을 위해서 도시락을 만들어 두어요.

STEP 3   다양한 문장 직접 말하기

Q 田中さんの 誕生日の ために 何を しますか。
다나카 씨의 생일을 위해서 무엇을 하나요?

A 田中さんの 誕生日の ために プレゼントを 準備して おきます。
다나카 씨의 생일을 위해서 선물을 준비해 두어요.

Q 발표를 위해서 무엇을 하나요?
発表の ために 何を しますか。

A 발표를 위해서 자료를 조사해 두어요.
発表の ために 資料を 調べて おきます。

Q 면접을 위해서 무엇을 하나요?
面接の ために 何を しますか。

A 면접을 위해서 양복을 빌려 두어요.
面接の ために スーツを 借りて おきます。

Q 시험을 위해서 무엇을 하나요?
試験の ために 何を しますか。

A 시험을 위해서 매일 복습해 두어요.
試験の ために 毎日 復習して おきます。

 STEP 4 **실전처럼 연습하기**

TRACK 11-04

최지아　明日の パーティーの ために 飲み物を 買って
おいて ください。

스즈키　はい、分かりました。

최지아　買い物 リストも 見て おいて ください。

스즈키　はい、音楽も 準備しましょうか。

최지아　いいですね。ケーキも 切って おきますか。

스즈키　それは、あとで 切りましょう。

TIP　「て おく ~해 두다」 뒤에 「て ください ~해 주세요」를 연결하면 「て おいて ください ~해 둬 주세요」라는 표현이 됩니다.

会議の 資料を 読んで おいて ください。　회의 자료를 읽어 둬 주세요.

최지아　내일 파티를 위해서 음료를 사 둬 주세요.

스즈키　네, 알겠어요.

최지아　쇼핑 리스트도 봐 둬 주세요.

스즈키　네, 음악도 준비할까요?

최지아　좋네요. 케이크도 잘라 둘까요?

스즈키　그건, 나중에 자릅시다.

 ## 새 단어

リスト 리스트　|　あとで 나중에, 이따가

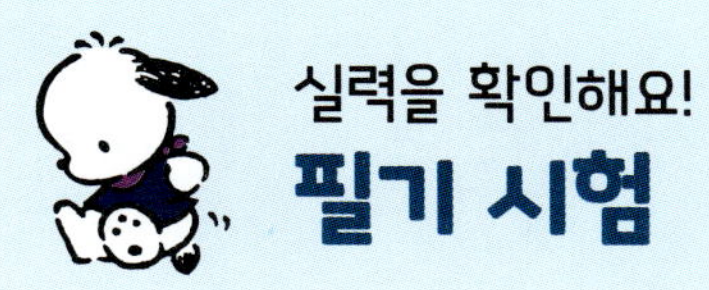

필기 시험

01 다음 제시된 단어를 보고 빈칸을 채워 보세요.

1 손님 　　한자 　　　　　　　　　히라가나

2 아기 　　한자 　　　　　　　　　히라가나

3 건강 　　한자 　　　　　　　　　히라가나

4 면접 　　한자 　　　　　　　　　히라가나

02 다음 일본어 문장을 우리말로 해석해 보세요.

1 船に 乗る 前に 薬を 飲んで おきます。

2 映画を 見る 前に ポップコーンを 買って おきます。

3 発表の ために 資料を 調べて おきます。

4 英語の 試験の ために 毎日 復習して おきます。

5 買い物 リストも 見て おいて ください。

03 다음 우리말 문장을 일본어로 바꾸어 보세요.

1 아기의 옷과 침대를 사 두어요.

----

2 호텔을 예약해 두어요.

----

3 면접을 위해서 양복을 빌려 두어요.

----

4 내일 파티를 위해서 음료를 사 둬 주세요.

----

5 케이크도 잘라 둘까요?

JLPT N5·N4 문법 대비 유형

04 다음 문장의 ★에 들어갈 가장 적당한 것을 1·2·3·4에서 하나 고르세요.

1 友だちが 家に ＿＿＿＿＿ ＿＿＿＿＿ ★＿＿＿＿ ＿＿＿＿＿ おきます。

1 前に　　　　2 部屋を　　　　3 来る　　　　4 片付けて

2 ピクニック ＿＿＿＿＿ ★＿＿＿＿ ＿＿＿＿＿ ＿＿＿＿＿ おきます。

1 の　　　　2 作って　　　　3 ために　　　　4 お弁当を

3 田中さんの ＿＿＿＿＿ ＿＿＿＿＿ ★＿＿＿＿ ＿＿＿＿＿ おきます。

1 プレゼントを　　2 ために　　　　3 誕生日の　　　　4 準備して

出前を とっても いいですか。

배달을 시켜도 될까요?

그림을 보면서 오늘 배울 내용을 떠올려 보세요.

TRACK 12-01

오늘 배울 단어를 듣고 따라 읽어 보세요.

出前を とる 배달을 시키다	決める 정하다	アップする 업로드하다	アカウント 계정	ヒーター 히터
消す (스위치를) 끄다	卒業 졸업	アルバム 앨범	撮影 촬영	置く 놓다, 두다
返品する 반품하다				

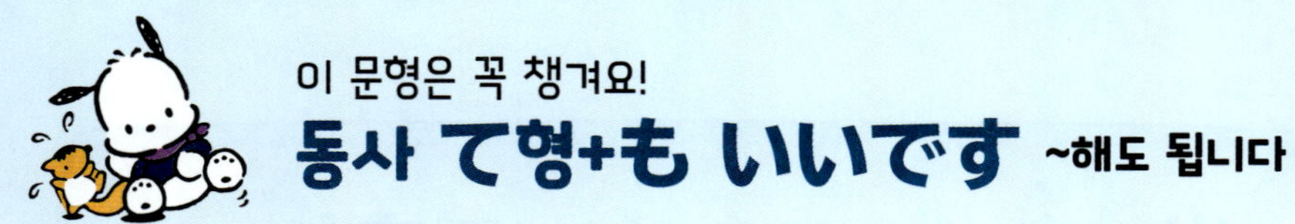

기본 문형 익히기

TRACK 12-02

つか
使って
사용해

の
飲んで
마셔

き
決めて
정해

アップして
업로드해

+

も いいです。
도 돼요.

❶ 동사 て형 뒤에 「も いい」를 붙이면 '~해도 된다'라는 뜻이 되며 허가나 허락을 할 때 쓰는 표현입니다.

❷ 「も いい」에서 「いい」는 '좋다'라는 의미의 い형용사이므로 직역하면 '~해도 좋다'라는 뜻이 됩니다.

❸ 「ても いい」 뒤에 「です」를 붙여서 「ても いいです」를 만들면 '~해도 됩니다'라는 뜻이 됩니다.

STEP 2　A-B 대화문 듣고 따라 말하기

A　この アカウントを 使っても いいですか。
이 계정을 사용해도 돼요?

B　はい、この アカウントを 使っても いいです。
네, 이 계정을 사용해도 돼요.

STEP 3　다양한 문장 직접 말하기

Q　ここに ゴミを 捨てても いいですか。
여기에 쓰레기를 버려도 돼요?

A　はい、ここに ゴミを 捨てても いいです。
네, 여기에 쓰레기를 버려도 돼요.

Q 히터를 꺼도 돼요?
ヒーターを 消しても いいですか。

A 네, 히터를 꺼도 돼요.
はい、ヒーターを 消しても いいです。

Q 졸업 앨범을 봐도 돼요?
卒業 アルバムを 見ても いいですか。

A 네, 졸업 앨범을 봐도 돼요.
はい、卒業 アルバムを 見ても いいです。

Q 여기에서 촬영을 해도 돼요?
ここで 撮影を しても いいですか。

A 네, 여기에서 촬영을 해도 돼요.
はい、ここで 撮影を しても いいです。

동사 て형+も 大丈夫です ~해도 괜찮습니다

STEP 1　기본 문형 익히기

동사 て형 ＋ **も 大丈夫です**　~해도 괜찮아요

書いて
써

座って
앉아

食べて
먹어

捨てて
버려

＋　**も 大丈夫です。**
도 괜찮아요.

❶ 동사 て형 뒤에 「も 大丈夫です」를 붙이면 '~해도 괜찮아요'라는 뜻이 됩니다.

❷ 「ても いいです」와 「ても 大丈夫です」는 모두 비슷한 의미의 표현이므로 서로 바꿔 쓸 수 있습니다.

❸ 「ても いいです」는 허락이나 승인의 뉘앙스가 강한 반면, 「ても 大丈夫です」는 문제가 없으니 안심하라는 뉘앙스를 가진 표현입니다.

A-B 대화문 듣고 따라 말하기

A ここに 座っても 大丈夫ですか。

여기에 앉아도 괜찮아요?

B はい、ここに 座っても 大丈夫です。

네, 여기에 앉아도 괜찮아요.

STEP 3

다양한 문장 직접 말하기

Q 授業中に 質問しても 大丈夫ですか。

수업 중에 질문해도 괜찮아요?

A はい、授業中に 質問しても 大丈夫です。

네, 수업 중에 질문해도 괜찮아요.

Q 화장실을 써도 괜찮아요?
トイレを 使っても 大丈夫ですか。

A 네, 화장실을 써도 괜찮아요.
はい、トイレを 使っても 大丈夫です。

Q 여기에 짐을 놓아도 괜찮아요?
ここに 荷物を 置いても 大丈夫ですか。

A 네, 여기에 짐을 놓아도 괜찮아요.
はい、ここに 荷物を 置いても 大丈夫です。

Q 옷을 반품해도 괜찮아요?
服を 返品しても 大丈夫ですか。

A 네, 옷을 반품해도 괜찮아요.
はい、服を 返品しても 大丈夫です。

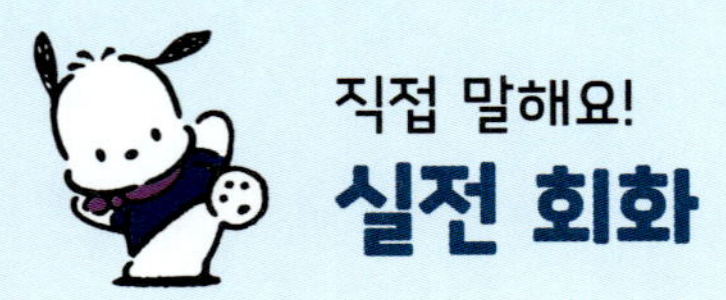

 **STEP 4** 실전처럼 연습하기

TRACK 12-04

다나카 今日は 出前を とっても いいですか。

김태오 はい、いいですよ。

다나카 テオさんは 何が 食べたいですか。

김태오 メニューを 見て 決めても いいですか。

다나카 もちろんです。

김태오 じゃあ、チキンに します。

TIP 일본어로 배달을 '시키다'라고 할 때는 '시키다'라는 의미의 동사 「させる」가 아닌 '잡다, 쥐다'라는 의미의 동사 「とる」를 사용하여 표현합니다. 이는 「とる」가 단순히 '잡다, 쥐다'라는 의미를 넘어서 '시키다, 주문하다'와 같은 의미로도 확장되어 사용되기 때문입니다.

出前を させる。(X) → 出前を とる。(O) 배달을 시키다.

다나카 오늘은 배달을 시켜도 될까요?

김태오 네, 좋아요.

다나카 태오 씨는 뭐가 먹고 싶어요?

김태오 메뉴를 보고 정해도 될까요?

다나카 물론이에요.

김태오 그러면, 치킨으로 할게요.

 ## 새 단어

チキン 치킨

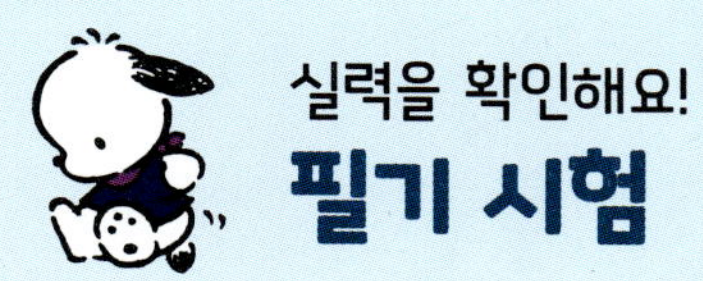

필기 시험

단어 익히기

01 다음 제시된 단어를 보고 빈칸을 채워 보세요.

1 졸업　　한자　＿＿＿＿＿＿＿＿＿　히라가나　＿＿＿＿＿＿＿＿＿

2 반품하다　　한자　＿＿＿＿＿＿＿＿＿　히라가나　＿＿＿＿＿＿＿＿＿

3 (스위치를) 끄다　　한자　＿＿＿＿＿＿＿＿＿　히라가나　＿＿＿＿＿＿＿＿＿

4 놓다, 두다　　한자　＿＿＿＿＿＿＿＿＿　히라가나　＿＿＿＿＿＿＿＿＿

문장 익히기

02 다음 일본어 문장을 우리말로 해석해 보세요.

1 この アカウントを 使っても いいです。

＿＿＿＿＿＿＿＿＿＿＿＿＿＿＿＿＿＿＿＿＿＿＿＿＿＿＿＿＿＿＿＿＿＿＿

2 ここで 撮影を しても いいです。

＿＿＿＿＿＿＿＿＿＿＿＿＿＿＿＿＿＿＿＿＿＿＿＿＿＿＿＿＿＿＿＿＿＿＿

3 トイレを 使っても 大丈夫です。

＿＿＿＿＿＿＿＿＿＿＿＿＿＿＿＿＿＿＿＿＿＿＿＿＿＿＿＿＿＿＿＿＿＿＿

4 メニューを 見て 決めても いいですか。

＿＿＿＿＿＿＿＿＿＿＿＿＿＿＿＿＿＿＿＿＿＿＿＿＿＿＿＿＿＿＿＿＿＿＿

5 資料を アップしても いいですか。

＿＿＿＿＿＿＿＿＿＿＿＿＿＿＿＿＿＿＿＿＿＿＿＿＿＿＿＿＿＿＿＿＿＿＿

1 졸업 앨범을 봐도 돼요.

----

2 배달을 시켜도 돼요.

----

3 여기에 앉아도 괜찮아요.

----

4 옷을 반품해도 괜찮아요.

----

5 수업 중에 질문해도 괜찮아요?

> **JLPT N5·N4 문법 대비 유형**

04 다음 문장의 ★에 들어갈 가장 적당한 것을 1·2·3·4에서 하나 고르세요.

1 ここに ＿＿＿＿＿ ＿＿＿＿＿ ★＿＿＿＿ ＿＿＿＿＿ です。

1 捨て　　　　　2 ても　　　　　3 いい　　　　　4 ゴミを

2 ヒーター ＿＿＿＿＿ ★＿＿＿＿ ＿＿＿＿＿ ＿＿＿＿＿ です。

1 を　　　　　　2 いい　　　　　3 消し　　　　　4 ても

3 ここに ＿＿＿＿＿ ＿＿＿＿＿ ★＿＿＿＿ ＿＿＿＿＿ ですか。

1 を　　　　　　2 荷物　　　　　3 大丈夫　　　　4 置いても

作品を 触っては いけません。
작품을 만지면 안 돼요.

 그림을 보면서 오늘 배울 내용을 떠올려 보세요.

 오늘 배울 단어를 듣고 따라 읽어 보세요.

TRACK 13-01

ね ぼう 寝坊する 늦잠 자다	らく が 落書きする 낙서하다	す 吸う (담배를) 피우다	そ 染める 염색하다	こう ざ 口座 계좌
や ちん 家賃 집세	かっ て 勝手に 함부로, 마음대로	コピーする 복사하다	どう が 動画 동영상	おんりょう 音量 볼륨, 음량
あ 上げる (볼륨을) 올리다, 높이다	ちゅう い 注意する 주의하다	しょるい 書類 서류	と 止める 세우다, 멈추다	

이 문형은 꼭 챙겨요!

동사 て형+は いけません ~하면 안 됩니다

 **STEP 1**　기본 문형 익히기

TRACK 13-02

| 동사 て형 | + | は いけません | ~하면 안 돼요 |

の
飲んで
마시

はし
走って
뛰

おく
遅れて
늦으

ね ぼう
寝坊して
늦잠 자

+

は いけません。
면 안 돼요.

❶ 동사 て형 뒤에 「は いけない」를 붙이면 '~하면 안 된다, ~해서는 안 된다'라는 뜻이 되며 무언가를 금지하거나 주의를 줄 때 쓰는 표현입니다.

❷ 「ない」 대신 「ません」을 붙여서 「ては いけません」을 만들면 '~하면 안 됩니다, ~해서는 안 됩니다'라는 뜻이 됩니다.

❸ 「いけません」 대신 「だめです」를 사용하면 조금 더 캐주얼한 느낌을 줄 수 있습니다.

STEP 2　A-B 대화문 듣고 따라 말하기

A　ここで 飲み物を 飲んでは いけませんか。

여기에서 음료를 마시면 안 돼요?

B　はい、ここで 飲み物を 飲んでは いけません。

네, 여기에서 음료를 마시면 안 돼요.

STEP 3　다양한 문장 직접 말하기

Q　この 紙に 落書きしては いけませんか。

이 종이에 낙서하면 안 돼요?

A　はい、この 紙に 落書きしては いけません。

네, 이 종이에 낙서하면 안 돼요.

Q 여기에서 담배를 피우면 안 돼요?

ここで タバコを 吸っては いけませんか。

A 네, 여기에서 담배를 피우면 안 돼요.

はい、ここで タバコを 吸っては いけません。

Q 기무라 씨의 학교에서는 머리카락을 염색하면 안 돼요?

木村さんの 学校では 髪を 染めては いけませんか。

A 네, 머리카락을 염색하면 안 돼요.

はい、髪を 染めては いけません。

Q 이 계좌로 집세를 지불하면 안 돼요?

この 口座で 家賃を 払っては いけませんか。

A 네, 이 계좌로 집세를 지불하면 안 돼요.

はい、この 口座で 家賃を 払っては いけません。

勝手に+동사 て형+は いけません 함부로 ~하면 안 됩니다

TRACK 13-03

STEP 1 기본 문형 익히기

勝手に + 동사 て형 + は いけません 함부로 ~하면 안 돼요

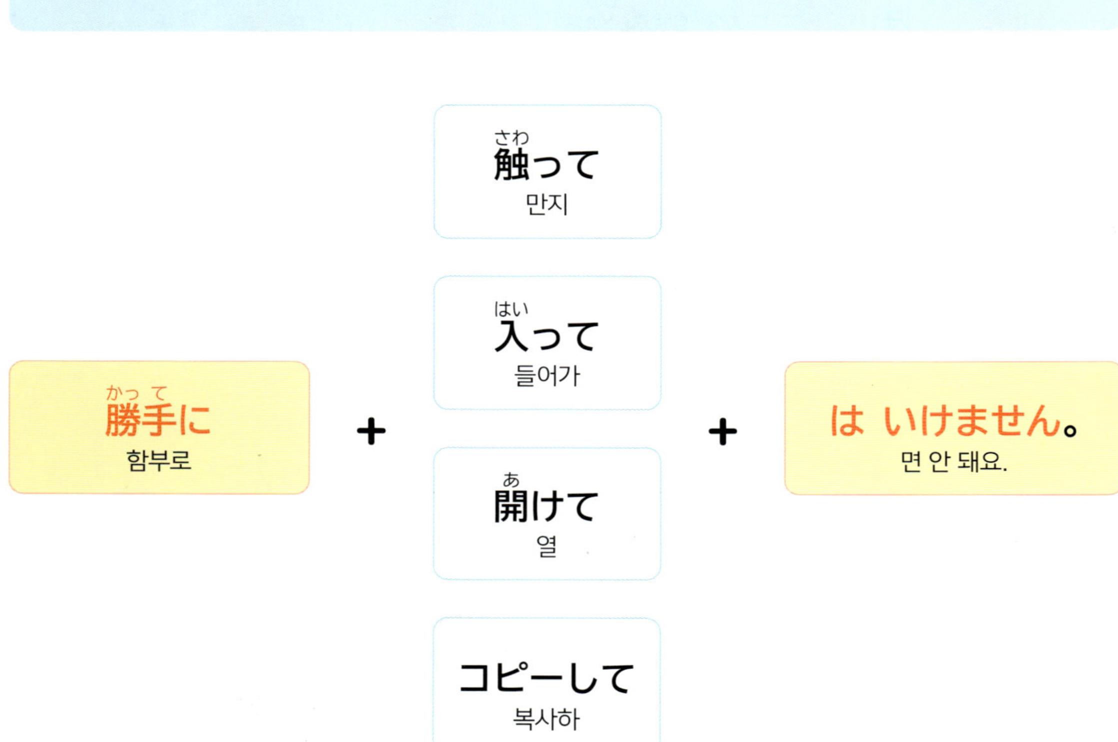

❶ 「ては いけません」 앞에 '함부로, 마음대로'라는 의미를 나타내는 「勝手に」가 오면 어떤 행동을 허락 없이 하면 안 된다는 강한 금지의 표현을 나타냅니다.

STEP 2 A-B 대화문 듣고 따라 말하기

A 勝手に 作品を 触っては いけません。
함부로 작품을 만지면 안 돼요.

B あ、すみません。
아, 죄송해요.

STEP 3 다양한 문장 직접 말하기

Q 勝手に 動画を 撮っては いけません。
함부로 동영상을 찍으면 안 돼요.

A 撮りません。
찍지 않을게요.

Q 함부로 볼륨을 올리면 안 돼요.
勝手に 音量を 上げては いけません。

A 네, 주의할게요.
はい、注意します。

Q 함부로 서류를 가지고 가면 안 돼요.
勝手に 書類を 持って 行っては
いけません。

A 네, 죄송합니다.
はい、ごめんなさい。

Q 함부로 자동차를 세우면 안 돼요.
勝手に 車を 止めては いけません。

A 네, 알겠어요.
はい、分かりました。

STEP 4　실전처럼 연습하기

TRACK 13-04

スズキ　ジアさん、作品<ruby>作品<rt>さくひん</rt></ruby>は 触<ruby>触<rt>さわ</rt></ruby>っては いけません。

최지아　あっ、ごめんなさい。

スズキ　あと、飲<ruby>飲<rt>の</rt></ruby>み物<ruby>物<rt>もの</rt></ruby>も 飲<ruby>飲<rt>の</rt></ruby>んでは いけません。

최지아　えっ、この コーヒーも だめですか。

スズキ　はい、だめです。

최지아　分<ruby>分<rt>わ</rt></ruby>かりました。外<ruby>外<rt>そと</rt></ruby>で 飲<ruby>飲<rt>の</rt></ruby>んで きます。

TIP 일반적으로 '미안합니다, 죄송합니다'라고 할 때는 「ごめんなさい」와 「すみません」을 사용하지만, 회사 등과 같은 공식적인 자리에서는 「申し訳ありません」이라는 표현을 사용합니다.

스즈키　지아 씨, 작품은 만지면 안 돼요.

최지아　앗, 미안해요.

스즈키　그리고, 음료도 마시면 안 돼요.

최지아　엇, 이 커피도 안 돼요?

스즈키　네, 안 돼요.

최지아　알겠어요. 밖에서 마시고 올게요.

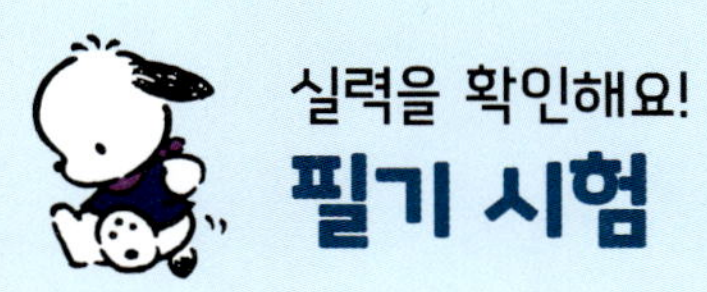

필기 시험

단어 익히기

01 다음 제시된 단어를 보고 빈칸을 채워 보세요.

1 서류　　　　한자 ＿＿＿＿＿＿＿＿＿＿　히라가나 ＿＿＿＿＿＿＿＿＿＿

2 볼륨, 음량　한자 ＿＿＿＿＿＿＿＿＿＿　히라가나 ＿＿＿＿＿＿＿＿＿＿

3 주의하다　한자 ＿＿＿＿＿＿＿＿＿＿　히라가나 ＿＿＿＿＿＿＿＿＿＿

4 염색하다　한자 ＿＿＿＿＿＿＿＿＿＿　히라가나 ＿＿＿＿＿＿＿＿＿＿

문장 익히기

02 다음 일본어 문장을 우리말로 해석해 보세요.

1 この 紙に 落書きしては いけません。

＿＿＿＿＿＿＿＿＿＿＿＿＿＿＿＿＿＿＿＿＿＿＿＿＿＿＿＿

2 ここで 飲み物を 飲んでは いけません。

＿＿＿＿＿＿＿＿＿＿＿＿＿＿＿＿＿＿＿＿＿＿＿＿＿＿＿＿

3 勝手に 動画を 撮っては いけません。

＿＿＿＿＿＿＿＿＿＿＿＿＿＿＿＿＿＿＿＿＿＿＿＿＿＿＿＿

4 勝手に 車を 止めては いけません。

＿＿＿＿＿＿＿＿＿＿＿＿＿＿＿＿＿＿＿＿＿＿＿＿＿＿＿＿

5 この 口座で 家賃を 払っては いけませんか。

＿＿＿＿＿＿＿＿＿＿＿＿＿＿＿＿＿＿＿＿＿＿＿＿＿＿＿＿

1 늦으면 안 돼요.

----

2 교실에서 뛰면 안 돼요.

----

3 함부로 작품을 만지면 안 돼요.

----

4 함부로 서류를 가지고 가면 안 돼요.

----

5 여기에서 담배를 피우면 안 돼요?

----

04 다음 문장의 ★에 들어갈 가장 적당한 것을 1·2·3·4에서 하나 고르세요.

1 電車の ＿＿＿＿ ★＿＿＿ ＿＿＿＿ ＿＿＿＿ いけません。

1 で   2 中   3 電話   4 しては

2 勝手に ＿＿＿＿ ＿＿＿＿ ★＿＿＿ ＿＿＿＿ いけません。

1 を   2 上げて   3 音量   4 は

3 木村さんの ＿＿＿＿ ＿＿＿＿ ★＿＿＿ ＿＿＿＿ いけませんか。

1 では   2 髪を   3 学校   4 染めては

ワイファイが 使<ruby>つか</ruby>えます。

와이파이를 사용할 수 있어요.

그림을 보면서 오늘 배울 내용을 떠올려 보세요.

TRACK 14-01

오늘 배울 단어를 듣고 따라 읽어 보세요.

ひらがな 히라가나	運<ruby>はこ</ruby>ぶ (물건을) 옮기다	すっぱい物<ruby>もの</ruby> 신것	ミンス 민수[인명]	スペイン語<ruby>ご</ruby> 스페인어
ワイファイ 와이파이	海鮮<ruby>かいせん</ruby> 해산물	ドローン 드론	操作<ruby>そうさ</ruby>する 조작하다	マンション 맨션
ペット 애완 동물	飼<ruby>か</ruby>う (동물을) 기르다			

1. 동사의 가능형

동사를 가능형으로 만들면 '~할 수 있다'라는 의미가 되며 어떤 일을 할 수 있는 능력이나 가능성을 나타낼 때 쓸 수 있는 표현입니다.

2. 1그룹 동사의 가능형

동사의 마지막 글자인 う단을 え단으로 바꾸고 「る」를 붙입니다.

3. 예외 1그룹 동사

예외 1그룹 동사의 가능형은 1그룹 동사와 동일합니다.

4. 2그룹 동사의 가능형

마지막 글자인 「る」를 없애고 「られる」를 붙입니다.

5. 3그룹 동사의 가능형

3그룹 동사는 불규칙하므로 외워야 합니다.

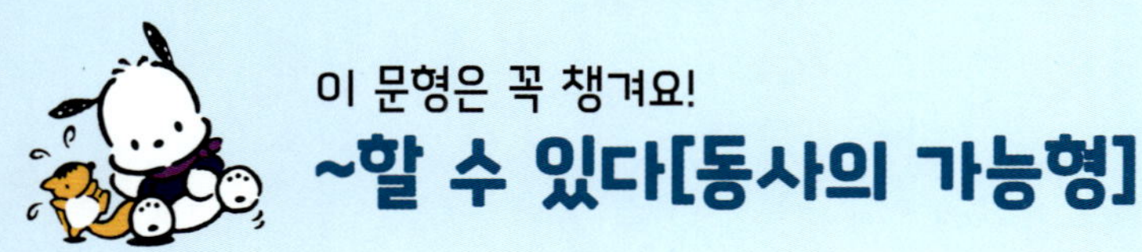

기본 문형 익히기

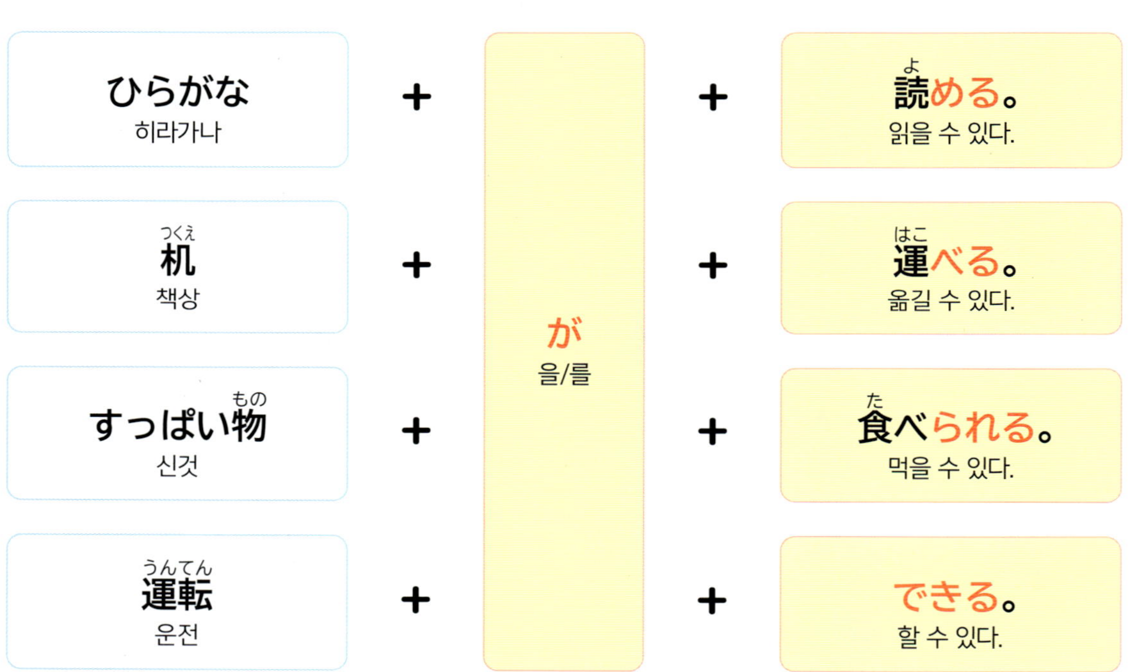

❶ 1그룹 동사의 가능형은 마지막 글자인 う단을 え단으로 바꾸고 「る」를 붙입니다.

❷ 2그룹 동사의 가능형은 마지막 글자인 「る」를 떼고 「られる」를 붙입니다.

❸ 3그룹 동사의 가능형은 불규칙하므로 통째로 외워야 합니다.

❹ 일반적으로 조사 「を」는 '을/를', 「が」는 '이/가'라는 의미로 사용됩니다. 단, 가능형 앞에서는 의미상 '을/를'로 해석되더라도 조사 「を」 대신 「が」를 써야 합니다.

STEP 2　A-B 대화문 듣고 따라 말하기

A　ミンスくんは ひらがなが 読める？

민수 군은 히라가나를 읽을 수 있어?

B　うん、ひらがなが 読める。

응, 히라가나를 읽을 수 있어.

STEP 3　다양한 문장 직접 말하기

Q　英語で メールが 書ける？

영어로 메일을 쓸 수 있어?

A　うん、英語で メールが 書ける。

응, 영어로 메일을 쓸 수 있어.

Q 편의점에서도 약을 살 수 있어?
コンビニでも 薬が 買える？

A 응, 약을 살 수 있어.
うん、薬が 買える。

Q 호텔에 짐을 맡길 수 있어?
ホテルに 荷物が 預けられる？

A 응, 짐을 맡길 수 있어.
うん、荷物が 預けられる。

Q 스즈키 씨는 스페인어를 할 수 있어?
鈴木さんは スペイン語が できる？

A 응, 스페인어를 할 수 있어.
うん、スペイン語が できる。

동사의 가능형[정중형, 부정형, 과거형]

 **STEP 1** 기본 문형 익히기

TRACK 14-03

동사의 가능형 + **ます・ません・ない・た**

~할 수 있습니다 · ~할 수 없습니다 · ~할 수 없다 · ~할 수 있었다

<ruby>使<rt>つか</rt></ruby>える 사용할 수	ます。 있어요.
<ruby>飲<rt>の</rt></ruby>める 마실 수	ません。 없어요.
<ruby>信<rt>しん</rt></ruby>じられる 믿을 수	ない。 없다.
<ruby>来<rt>こ</rt></ruby>られる 올 수	た。 있었다.

+

❶ 동사를 가능형으로 바꾸면 1, 2, 3그룹 동사가 모두 2그룹 동사처럼 활용됩니다.

❷ 따라서 동사를 가능형으로 바꾼 후에는 2그룹 동사처럼 「ます、ません、ない、た」 등을 붙여서 활용합니다.

A この 場所で ワイファイが 使えますか。
이 장소에서 와이파이를 사용할 수 있나요?

B はい、ワイファイが 使えます。
네, 와이파이를 사용할 수 있어요.

STEP 3　다양한 문장 직접 말하기

Q 木村さんは 海鮮が 食べられますか。
기무라 씨는 해산물을 먹을 수 있나요?

A いいえ、海鮮が 食べられません。
아니요, 해산물을 먹을 수 없어요.

Q 드론을 조작할 수 있나요?
ドローンが 操作できますか。

A 네, 드론을 조작할 수 있어요.
はい、ドローンが 操作できます。

Q 이 맨션에서 애완 동물을 기를 수 없나요?
この マンションで ペットが 飼えませんか。

A 네, 애완 동물을 기를 수 없어요.
はい、ペットが 飼えません。

Q 선생님의 질문에 대답할 수 있었어?
先生の 質問に 答えられた？

A 응, 전부 대답할 수 있었어!
うん、全部 答えられた！

 실전처럼 연습하기

TRACK 14-04

최지아 テオさんは 漢字が 読めますか。

김태오 はい、簡単な 漢字は 読めます。

최지아 すごいですね。私は まだ 読めません。

김태오 でも、カタカナは 書けますよね？

최지아 はい、それは できますよ。

김태오 じゃあ、一緒に 勉強しますか。

TIP 문장 마지막에 종조사 「よね」를 붙이면 알고 있는 사실을 확인하려는 뉘앙스를 줍니다.
明日 田中さんも 行きますよね？ 내일 다나카 씨도 가죠?

최지아 태오 씨는 한자를 읽을 수 있어요?

김태오 네, 간단한 한자는 읽을 수 있어요.

최지아 대단하네요. 저는 아직 못 읽어요.

김태오 그래도, 가타카나는 쓸 수 있죠?

최지아 네, 그건 할 수 있어요.

김태오 그러면, 같이 공부할래요?

 **새 단어**

カタカナ 가타카나

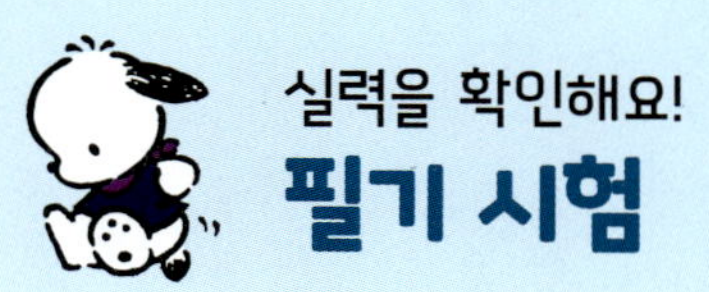

필기 시험

단어 익히기

01 다음 제시된 단어를 보고 빈칸을 채워 보세요.

1. (물건을) 옮기다 한자 _________________ 히라가나 _________________
2. 조작하다 한자 _________________ 히라가나 _________________
3. 해산물 한자 _________________ 히라가나 _________________
4. (동물을) 기르다 한자 _________________ 히라가나 _________________

문장 익히기

02 다음 일본어 문장을 우리말로 해석해 보세요.

1. ひらがなが 読める。

____

2. スペイン語が できる。

____

3. 英語で メールが 書ける。

____

4. 先生の 質問に 全部 答えられた！

____

5. コンビニでも 薬が 買える？

____

  다음 우리말 문장을 일본어로 바꾸어 보세요.

1 운전을 할 수 있어.

- -

2 신것을 먹을 수 있어.

- -

3 와이파이를 사용할 수 있어요.

- -

4 저는 아직 한자는 못 읽어요.

- -

5 드론을 조작할 수 있나요?

- -

JLPT N5·N4 문법 대비 유형

04 **다음 문장의 ★에 들어갈 가장 적당한 것을 1·2·3·4에서 하나 고르세요.**

1 ホテル ＿＿＿＿＿ ＿★＿＿ ＿＿＿＿＿ ＿＿＿＿＿ られる？

　　1 が　　　　2 荷物（にもつ）　　　3 預け（あず）　　　4 に

2 この ＿＿＿＿＿ ＿＿＿＿＿ ＿★＿＿ ＿＿＿＿＿ 飼えます（か）。

　　1 で　　　　2 マンション　　　3 が　　　　4 ペット

3 木村（きむら）さん ＿＿＿＿＿ ＿＿＿＿＿ ＿★＿＿ ＿＿＿＿＿ ません。

　　1 が　　　　2 は　　　　3 海鮮（かいせん）　　　4 食べられ（た）

自転車に 乗れる ように なりました。

자전거를 탈 수 있게 되었어요.

 **그림을 보면서 오늘 배울 내용을 떠올려 보세요.**

오늘 배울 단어를 듣고 따라 읽어 보세요.

TRACK 15-01

自転車 자전거	なる 되다	聞き取る 알아듣다	翻訳する 번역하다	受ける (수업을) 듣다, 받다
字幕 자막	なしで ~없이	文章 글, 문장	プール 수영장	キロ 킬로(킬로미터)
ぐらい ~정도	へえ 오, 와[감탄하거나 놀랐을 때 쓰는 말]	おかげで 덕분에	弾く (피아노를) 치다, 연주하다	頑張る 힘내다, 분발하다
今夜 오늘 밤	よかった 다행이다			

~ように なります ~할 수 있게 됩니다

STEP 1　기본 문형 익히기

TRACK 15-02

| 동사의 가능형 | + | ように なります | ~할 수 있게 돼요 |

---

^{はな}
話せる
말할

^き ^と
聞き取れる
알아들을

^き
着られる
입을

^{ほんやく}
翻訳できる
번역할

+

ように なります。
수 있게 돼요.

---

❶ 동사 가능형 뒤에 「ように なる」를 붙이면 '~할 수 있게 되다'라는 뜻이 되며 능력의 변화를 나타낼 때 쓰는 표현입니다.

❷ 「ように なる」에서 「ように」는 '~할 수 있게, ~하도록'이라는 의미이며, 「なる」는 '되다'라는 의미의 동사이므로 직역하면 '~할 수 있게 되다'라는 뜻이 됩니다.

❸ 「なる」 뒤에 「ます」를 붙여서 「ように なります」를 만들면 '~할 수 있게 됩니다'라는 뜻이 됩니다.

STEP 2　A-B 대화문 듣고 따라 말하기

A　この 授業を 受けたら、何が できる ように なりますか。
이 수업을 들으면, 무엇을 할 수 있게 되나요?

B　日本語が 話せる ように なります。
일본어를 말할 수 있게 돼요.

STEP 3　다양한 문장 직접 말하기

Q　この アプリを 使ったら、何が できる ように なりますか。
이 어플을 쓰면, 무엇을 할 수 있게 되나요?

A　難しい 漢字が 覚えられる ように なります。
어려운 한자를 외울 수 있게 돼요.

Q 요리 교실에 다니면, 무엇을 할 수 있게 되나요?
料理教室に 通ったら、何が できる ように なりますか。

A 맛있는 요리를 만들 수 있게 돼요.
おいしい 料理が 作れる ように なります。

Q 영어를 공부하면, 무엇을 할 수 있게 되나요?
英語を 勉強したら、何が できる ように なりますか。

A 해외 드라마를 자막 없이 볼 수 있게 돼요.
海外ドラマが 字幕なしで 見られる ように なります。

Q 이 책을 읽으면, 무엇을 할 수 있게 되나요?
この 本を 読んだら、何が できる ように なりますか。

A 일본어로 글을 쓸 수 있게 돼요.
日本語で 文章が 書ける ように なります。

~ように なりました ~할 수 있게 되었습니다

 **STEP 1**　기본 문형 익히기

TRACK 15-03

동사의 가능형　**+**　**ように なりました**　~할 수 있게 되었어요

---

^{およ}
泳げる
수영할

^か
買える
살

^{こた}
答えられる
대답할

^{りょう り}
料理できる
요리할

+

ように なりました。
수 있게 되었어요.

---

❶ 「ように なる」 뒤에 「ました」를 붙여서 「ように なりました」를 만들면 '~할 수 있게 되었습니다'라는 뜻이 되며 예전에 할 수 없었던 일이 지금은 가능해졌다는 능력의 변화를 나타낼 때 쓰는 표현입니다.

STEP 2 A-B 대화문 듣고 따라 말하기

A プールで 1キロ ぐらい 泳げる ように なりました。
수영장에서 1킬로 정도 수영할 수 있게 되었어요.

B すごいですね！
대단하네요!

STEP 3 다양한 문장 직접 말하기

Q 最近、納豆が 食べられる ように なりました。
최근, 낫토를 먹을 수 있게 되었어요.

A へえ、どうですか。
오, 어때요?

Q 선생님 덕분에 피아노를 칠 수 있게 되었어요.
先生の おかげで ピアノが 弾ける ように なりました。

Q 외국인과 영어로 말할 수 있게 되었어요.
外国人と 英語で 話せる ように なりました。

Q 오늘 밤 회식에 참가할 수 있게 되었어요.
今夜の 飲み会に 参加できる ように なりました。

A 앞으로도 힘냅시다!
これからも 頑張りましょう！

A 대단하네요!
すごいですね！

A 잘됐네요!
よかったですね！

STEP 4　실전처럼 연습하기

TRACK 15-04

김태오　日本人は みんな 自転車に 乗れますか。

다나카　はい、ほとんど 乗れます。

김태오　すごいですね。

다나카　テオさんは 乗れますか。

김태오　昔は 乗れませんでしたが、今は 乗れる ように なりました。

다나카　すごいですね。

TIP 「乗る 타다」는 '~을/를 타다'라고 할 때 조사 '~을/를' 자리에 「を」 대신 「に」를 사용하는 예외적인 동사입니다. 따라서 가능형으로 활용했을 때도 「を」 대신 「に」를 사용해야 합니다.
自転車を 乗れる。(X) → 自転車に 乗れる。(O) 자전거를 탈 수 있다.

김태오　일본인은 모두 자전거를 탈 수 있어요?

다나카　네, 대부분 탈 수 있어요.

김태오　대단하네요.

다나카　태오 씨는 탈 수 있어요?

김태오　옛날에는 탈 수 없었는데, 지금은 탈 수 있게 되었어요.

다나카　대단하네요.

새 단어

ほとんど 대부분, 거의 ｜ 昔 옛날

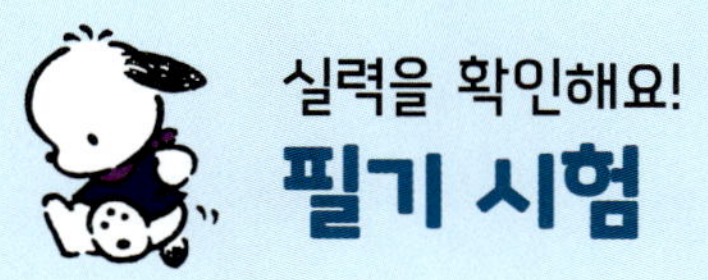

필기 시험

단어 익히기

01 다음 제시된 단어를 보고 빈칸을 채워 보세요.

1. 오늘 밤 　한자　＿＿＿＿＿＿　히라가나　＿＿＿＿＿＿

2. 알아듣다 　한자　＿＿＿＿＿＿　히라가나　＿＿＿＿＿＿

3. 힘내다, 분발하다 　한자　＿＿＿＿＿＿　히라가나　＿＿＿＿＿＿

4. 옛날 　한자　＿＿＿＿＿＿　히라가나　＿＿＿＿＿＿

문장 익히기

02 다음 일본어 문장을 우리말로 해석해 보세요.

1. 海外ドラマが 字幕なしで 見られる ように なります。

＿＿＿＿＿＿＿＿＿＿＿＿＿＿＿＿＿＿＿＿＿＿＿＿＿＿

2. 日本語で 文章が 書ける ように なります。

＿＿＿＿＿＿＿＿＿＿＿＿＿＿＿＿＿＿＿＿＿＿＿＿＿＿

3. 最近、納豆が 食べられる ように なりました。

＿＿＿＿＿＿＿＿＿＿＿＿＿＿＿＿＿＿＿＿＿＿＿＿＿＿

4. 今は 自転車に 乗れる ように なりました。

＿＿＿＿＿＿＿＿＿＿＿＿＿＿＿＿＿＿＿＿＿＿＿＿＿＿

5. この 授業を 受けたら、何が できる ように なりますか。

＿＿＿＿＿＿＿＿＿＿＿＿＿＿＿＿＿＿＿＿＿＿＿＿＿＿

1 일본어를 말할 수 있게 돼요.

----

2 어려운 한자를 외울 수 있게 돼요.

----

3 수영장에서 1킬로 정도 수영할 수 있게 되었어요.

----

4 외국인과 영어로 말할 수 있게 되었어요.

----

5 요리 교실에 다니면, 무엇을 할 수 있게 되나요?

JLPT N5·N4 문법 대비 유형

04 다음 문장의 ★에 들어갈 가장 적당한 것을 1·2·3·4에서 하나 고르세요.

1 この アプリを ______、______ ★ ______ ______ なりますか。

   1 何（なに）が　　　　**2** ように　　　　**3** できる　　　　**4** 使（つか）ったら

2 先生（せんせい）の おかげで ______ ______ ______ ★ ______ なりました。

   1 ように　　　　**2** 弾（ひ）ける　　　　**3** が　　　　**4** ピアノ

3 今夜（こんや）の ______ ______ ★ ______ ______ なりました。

   1 に　　　　**2** 飲（の）み会（かい）　　　　**3** ように　　　　**4** 参加（さんか）できる

UNIT 16

友だちに お土産を あげます。
친구에게 기념품을 주어요.

 그림을 보면서 오늘 배울 내용을 떠올려 보세요.

오늘 배울 단어를 듣고 따라 읽어 보세요.

TRACK 16-01

あげる	香水	チケット	バッグ	母の日
주다	향수	티켓	가방, 백	어머니의 날
母	ハンカチ	まり子	バレンタインデー	花束
엄마, 어머니	손수건	마리코[인명]	발렌타인데이	꽃다발
卒業式	イヤリング	ネックレス	ホワイトデー	父の日
졸업식	귀걸이	목걸이	화이트데이	아버지의 날
父	息子	クリスマス	わあ	
아빠, 아버지	아들	크리스마스	와[기쁘거나 놀랐을 때 쓰는 말]	

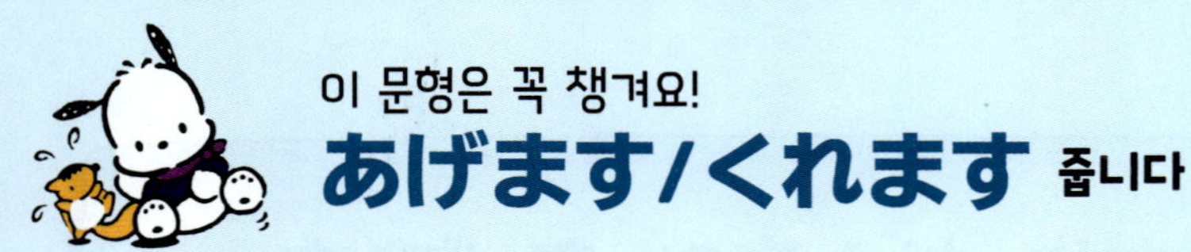

기본 문형 익히기

TRACK 16-02

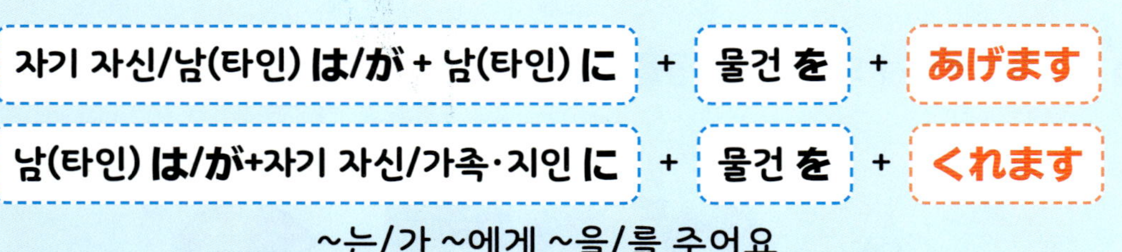

❶ 일본어에는 '주다'라는 뜻을 가진 동사로 「あげる」와 「くれる」가 있습니다.

❷ '내'가 '남'에게 또는 '남'이 '남'에게 무언가를 줄 때는 「あげる」라고 합니다.

❸ '남'이 '나'에게 또는 '남'이 '나의 가족이나 지인'에게 무언가를 줄 때는 「くれる」라고 합니다.

❹ 「あげる」, 「くれる」 뒤에 「ます」를 붙여서 「あげます」, 「くれます」를 만들면 '줍니다'라는 뜻이 됩니다.

❺ 「あげる」, 「くれる」 뒤에 「ました」를 붙여서 「あげました」, 「くれました」를 만들면 '주었습니다'라는 뜻이 됩니다.

A　友だちに　何を　あげますか？
친구에게 무엇을 주나요?

B　私は　友だちに　お土産を　あげます。
저는 친구에게 기념품을 주어요.

Q　昨日、友だちが　私に　この　バッグを　くれました。
어제, 친구가 저에게 이 가방을 주었어요.

A　とても　かわいいですね！
엄청 귀엽네요!

Q 저는 어머니의 날에 어머니에게 손수건을 주었어요.
私は　母の日に　母に　ハンカチを　あげました。

A 좋은 선물이네요!
いい　プレゼントですね！

TIP　일본에서는 매년 5월 둘째 주 일요일을 어머니의 날로 기념합니다.

Q 마리코 씨가 발렌타인데이에 남자 친구에게 초콜릿을 주었어요.
まり子さんが　バレンタインデーに　彼氏に
チョコレートを　あげました。

A 좋네요!
いいですね！

Q 다나카 씨는 항상 (나의) 여동생에게 쿠키를 주어요.
田中さんは　いつも　妹に　クッキーを　くれます。

A 오! 그래요?
へえ！そうなんですか。

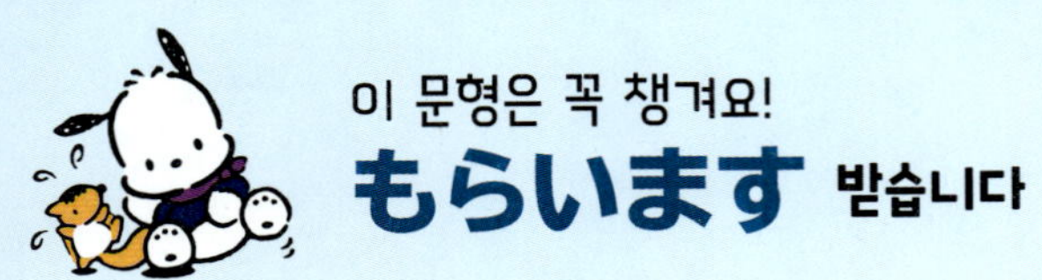

STEP 1 기본 문형 익히기

자기 자신/남(타인) は/が + 남(타인) に/から + 물건 を + もらいます

~는/가 ~에게/~로부터 ~을/를 받아요

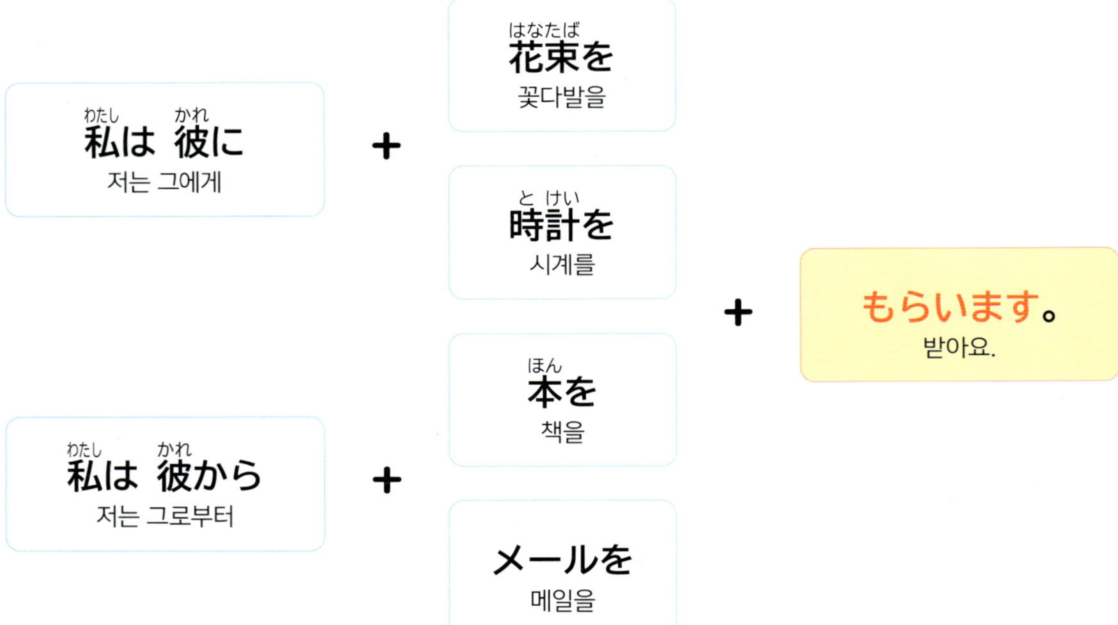

❶ 「もらう」는 '받다'라는 뜻의 동사로 '내'가 '남'에게 또는 '남'이 '남'에게 무언가를 받을 때에 씁니다.

❷ 「もらう」 뒤에 「ます」를 붙여서 「もらいます」를 만들면 '받습니다'라는 뜻이 됩니다.

❸ 「もらう」 뒤에 「ました」를 붙여서 「もらいました」를 만들면 '받았습니다'라는 뜻이 됩니다.

A-B 대화문 듣고 따라 말하기

A
そつぎょうしき せんぱい なに
卒業式に 先輩から 何を もらいましたか。
졸업식에 선배로부터 무엇을 받았나요?

B
わたし せんぱい はなたば
私は 先輩から 花束を もらいました。
저는 선배로부터 꽃다발을 받았어요.

 **STEP 3**

다양한 문장 직접 말하기

Q
たんじょう び わたし りょうしん
誕生日に 私は 両親から イヤリングを もらいました。
생일에 저는 부모님으로부터 귀걸이를 받았어요.

A
わたし
私は ネックレスを もらいました。
저는 목걸이를 받았어요.

Q 화이트데이에 저는 남자 친구로부터 지갑을 받았어요.
わたし かれ し さい ふ
ホワイトデーに 私は 彼氏から 財布を もらいました。

A 부러워요!
うらやましいです!

Q 아버지의 날에 아버지가 아들에게 넥타이를 받았어요.
ちち ひ ちち むす こ
父の日に 父が 息子に ネクタイを もらいました。

A 좋은 아드님이네요!
むす こ
いい 息子さんですね！

TIP 일본에서는 매년 6월 셋째 주 일요일을 아버지의 날로 기념합니다.

Q 크리스마스에 여동생은 친구로부터 컵을 받았어요.
いもうと とも
クリスマスに 妹は 友だちから コップを もらいました。

A 와! 좋겠다!
わあ！いいなあ！

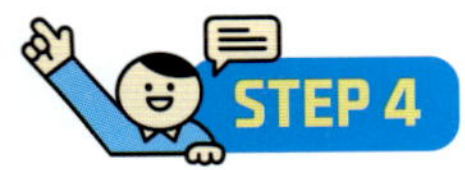

실전처럼 연습하기

TRACK 16-04

스즈키	今日、誕生日ですよね？
최지아	はい、だから 友だちに ケーキを もらいました。
스즈키	それは よかったですね。私も これ、あげます。
최지아	本当ですか。ありがとうございます。
스즈키	お母さんも プレゼントを くれましたか。
최지아	はい、バッグを くれました。

TIP 일본어로 '엄마, 어머니'는「お母さん」또는「母」라고 합니다.「お母さん」은 다른 사람의 어머니를 말할 때, 또는 집에서 자신의 어머니를 부를 때 사용하며,「母」는 자신의 어머니를 다른 사람에게 말할 때 사용하는 표현입니다.

스즈키	오늘, 생일이죠?
최지아	네, 그래서 친구에게 케이크를 받았어요.
스즈키	그거 다행이네요. 저도 이거, 줄게요.
최지아	진짜요? 고마워요.
스즈키	어머니도 선물을 줬나요?
최지아	네, 가방을 줬어요.

새 단어

だから 그래서

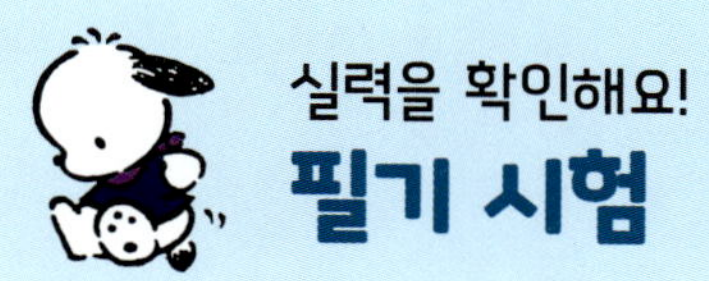

필기 시험

01 다음 제시된 단어를 보고 빈칸을 채워 보세요.

1 꽃다발   한자 ____________________   히라가나 ____________________

2 향수   한자 ____________________   히라가나 ____________________

3 졸업식   한자 ____________________   히라가나 ____________________

4 어머니의 날   한자 ____________________   히라가나 ____________________

02 다음 일본어 문장을 우리말로 해석해 보세요.

1 私は 彼に チケットを あげます。

____

2 彼が 私に 手紙を くれます。

____

3 私は 両親から 時計を もらいました。

____

4 父の日に 父が 息子に ネクタイを もらいました。

____

5 お母さんも プレゼントを くれましたか。

____

03 **다음 우리말 문장을 일본어로 바꾸어 보세요.**

1 생일에 친구에게 무엇을 주었나요?

---

2 다나카 씨는 항상 (나의) 여동생에게 쿠키를 주어요.

---

3 마리코 씨가 발렌타인데이에 남자 친구에게 초콜릿을 주었어요.

---

4 화이트데이에 저는 남자 친구로부터 지갑을 받았어요.

---

5 크리스마스에 여동생은 친구로부터 컵을 받았어요.

JLPT N5·N4 문법 대비 유형

04 **다음 문장의 ★에 들어갈 가장 적당한 것을 1·2·3·4에서 하나 고르세요.**

1 私は 母の日に ＿＿＿＿ ＿＿＿＿ ＿＿★＿ ＿＿＿＿ あげました。

　1 を　　　　**2** に　　　　**3** ハンカチ　　　　**4** 母

2 昨日、友だちが 私 ＿＿＿＿ ＿＿★＿ ＿＿＿＿ ＿＿＿＿ くれました。

　1 この　　　　**2** に　　　　**3** を　　　　**4** バッグ

3 私は ＿＿＿＿ ＿＿＿＿ ＿★＿ ＿＿＿＿ もらいました。

　1 を　　　　**2** 花束　　　　**3** から　　　　**4** 先輩

友だちが ノートを 貸して くれました。

친구가 노트를 빌려주었어요.

오늘 배울 단어를 듣고 따라 읽어 보세요.

TRACK 17-01

紹介する	ゲーム機	なくす	オムライス	直す
소개하다	게임기	분실하다	오므라이스	고치다
案内する	作文	お小遣い	夫	絵本
안내하다	작문	용돈	남편	그림책

동사 て형+あげます/くれます ~해 줍니다

 **STEP 1**　기본 문형 익히기

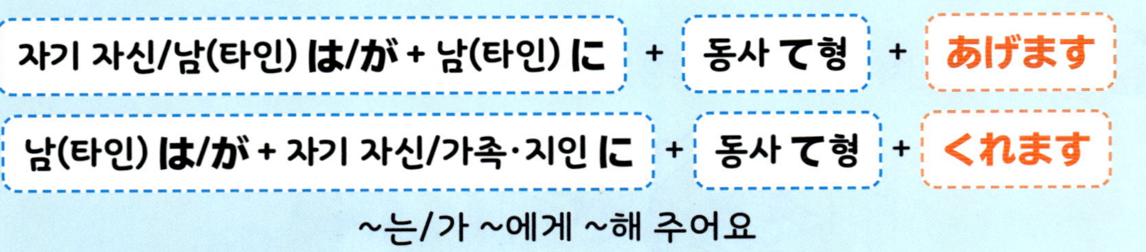

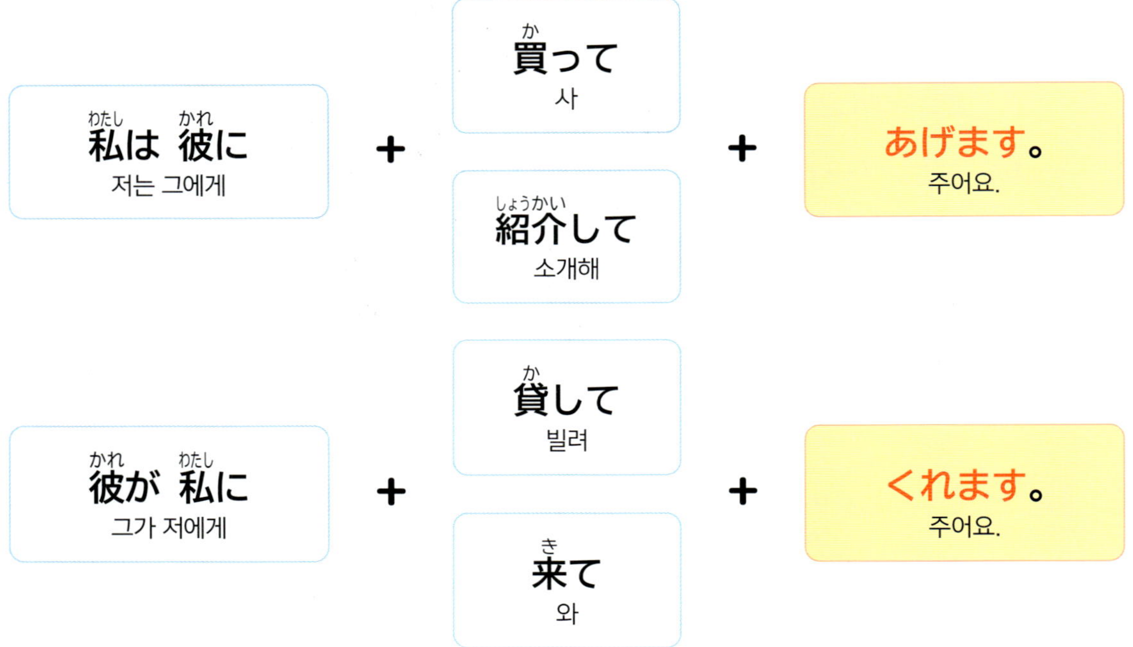

❶ 동사 て형 뒤에 「あげる」, 「くれる」를 붙이면 '~해 주다'라는 뜻이 됩니다.

❷ '내'가 '남'에게 또는 '남'이 '남'에게 무언가를 해 줄 때는 「~て あげる」라고 합니다.

❸ '남'이 '나'에게 또는 '남'이 '나의 가족이나 지인'에게 무언가를 해 줄 때는 「~て くれる」라고 합니다.

❹ 「あげる」, 「くれる」 뒤에 「ます」를 붙여서 「~て あげます」, 「~て くれます」를 만들면 '~해 줍니다'라는 뜻이 됩니다.

❺ 「あげる」, 「くれる」 뒤에 「ました」를 붙여서 「~て あげました」, 「~て くれました」를 만들면 '~해 주었습니다'라는 뜻이 됩니다.

STEP 2　A-B 대화문 듣고 따라 말하기

A

私は 日本人の 友だちが ほしいです。

저는 일본인 친구를 원해요.(저는 일본인 친구를 사귀고 싶어요.)

B

私が 紹介して あげます。

제가 (당신에게) 소개해 줄게요.

STEP 3　다양한 문장 직접 말하기

Q

新しい ゲーム機を 買いましたか。

새 게임기를 샀나요?

A

妹が ゲーム機を 買って くれました。

여동생이 (저에게) 게임기를 사 주었어요.

Q 집 열쇠를 분실했어요.

家の 鍵を なくしました。

A 제가 (당신의) 열쇠를 찾아 줄게요.

私が 鍵を 探して あげます。

Q 내일은 무엇을 하나요?

明日は 何を しますか。

A (저는) 친구의 이사를 도와줘요.

友だちの 引っ越しを 手伝って あげます。

Q 이 오므라이스 맛있네요!

この オムライス おいしいですね！

A 기무라 씨가 저에게 오므라이스를 만들어 주었어요.

木村さんが 私に オムライスを 作って くれました。

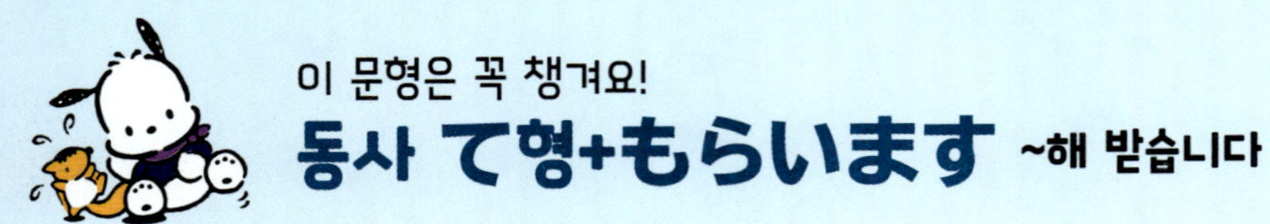

기본 문형 익히기

자기 자신/남(타인) は/が + 남(타인) に/から + 동사 て형 + **もらいます**

~는/가 ~에게/~로부터 ~해 받아요

❶ 동사 て형 뒤에 「もらう」를 붙이면 '~해 받다'라는 뜻으로 '내'가 '남'에게 또는 '남'이 '남'에게 무언가를 받을 때 씁니다.

❷ 「もらう」 뒤에 「ます」를 붙여서 「~て もらいます」를 만들면 '~해 받습니다'라는 뜻이 됩니다.

❸ 「もらう」 뒤에 「ました」를 붙여서 「~て もらいました」를 만들면 '~해 받았습니다'라는 뜻이 됩니다.

❹ 원래의 의미를 직역하면 'A는 B에게(~로부터) ~을/를 ~해 받다'이지만 해석할 때는 주체를 바꾸어 'B가 A에게 ~해 주다'로 하는 것이 자연스럽습니다.

私は 彼に 見せて もらいます。 저는 그에게 보여 받아요.(=그가 저에게 보여 줘요.)

A-B 대화문 듣고 따라 말하기

A
誰に 作文を 直して もらいましたか。
누구에게 작문을 고쳐 받았나요?(=누가 작문을 고쳐 주었나요?)

B
私が 先生に 作文を 直して もらいました。
제가 선생님에게 작문을 고쳐 받았어요.(=선생님이 저에게 작문을 고쳐 주었어요.)

다양한 문장 직접 말하기

Q
誰から 写真を 撮って もらいましたか。
누구로부터 사진을 찍어 받았나요?(=누가 사진을 찍어 주었나요?)

A
彼氏から 写真を 撮って もらいました。
(저는) 남자 친구로부터 사진을 찍어 받았어요.(=남자 친구가 (저에게) 사진을 찍어 주었어요.)

Q 누구에게 짐을 옮겨 받았나요?
(=누가 짐을 옮겨 주었나요?)
誰に 荷物を 運んで もらいましたか。

A (제가) 친구에게 짐을 옮겨 받았어요.
(=친구가 (저에게) 짐을 옮겨 주었어요.)
友だちに 荷物を 運んで もらいました。

Q 누구로부터 용돈을 보내 받았나요?
(=누가 용돈을 보내 주었나요?)
誰から お小遣いを 送って もらいましたか。

A (제가) 남편으로부터 용돈을 보내 받았어요.
(=남편이 (저에게) 용돈을 보내 주었어요.)
夫から お小遣いを 送って もらいました。

Q 누구에게 그림책을 읽어 받았나요?
(=누가 그림책을 읽어 주었나요?)
誰に 絵本を 読んで もらいましたか。

A 아들은 어머니에게 그림책을 읽어 받았어요.
(=어머니가 아들에게 그림책을 읽어 주었어요.)
息子は 母に 絵本を 読んで もらいました。

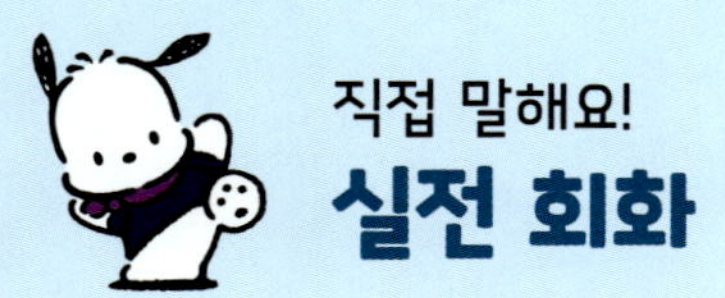

STEP 4 실전처럼 연습하기

TRACK 17-04

김태모　明日、テストですね。

다나카　昨日、ジアさんが ノートを 貸して くれました。

김태모　私も ノートを 見せて もらえますか。

다나카　はい、あとで コピーして あげます。

김태모　ありがとうございます。

다나카　一緒に 頑張りましょう。

TIP 「コピーする 복사하다」는 '복사'라는 의미의 영어 명사 'copy'에 '하다'라는 의미의 일본어 동사 「する」가 합쳐져서 만들어진 단어입니다.

김태모　내일, 시험이네요.

다나카　어제, 지아 씨가 (저에게) 노트를 빌려주었어요.

김태모　저도 노트를 보여 받을 수 있나요?(=저에게도 노트를 보여 줄 수 있나요?)

다나카　네, 이따가 복사해 줄게요.

김태모　고마워요.

다나카　같이 힘냅시다.

단어 익히기

01 다음 제시된 단어를 보고 빈칸을 채워 보세요.

1 소개하다　　　**한자** _______________　　　**히라가나** _______________

2 고치다　　　**한자** _______________　　　**히라가나** _______________

3 안내하다　　　**한자** _______________　　　**히라가나** _______________

4 작문　　　**한자** _______________　　　**히라가나** _______________

문장 익히기

02 다음 일본어 문장을 우리말로 해석해 보세요.

1 私が 鍵を 探して あげます。

____

2 友だちの 引っ越しを 手伝って あげます。

____

3 友だちが ノートを 貸して くれました。

____

4 彼氏から 写真を 撮って もらいました。

____

5 誰に 絵本を 読んで もらいましたか。

____

03 다음 우리말 문장을 일본어로 바꾸어 보세요.

1 제가 (당신에게) 빌려 줄게요.

____

2 이따가 복사해 줄게요.

____

3 여동생이 (저에게) 게임기를 사 주었어요.

____

4 제가 선생님에게 작문을 고쳐 받았어요.(=선생님이 저에게 작문을 고쳐 주었어요.)

____

5 누구로부터 용돈을 보내 받았나요?(=누가 용돈을 보내 주었나요?)

____

JLPT N5·N4 문법 대비 유형

04 다음 문장의 ★에 들어갈 가장 적당한 것을 1·2·3·4에서 하나 고르세요.

1 私が 日本人 ______ ______ __★__ ______ あげます。

　　1 友だち　　　　2 紹介して　　　3 を　　　　4 の

2 木村さんが 私 ______ __★__ ______ ______ くれました。

　　1 オムライス　　2 に　　　　3 作って　　　4 を

3 友だち ______ __★__ ______ ______ もらいました。

　　1 運んで　　　　2 を　　　　3 に　　　　4 荷物

ジムに 通う ことに しました。

헬스장에 다니기로 했어요.

그림을 보면서 오늘 배울 내용을 떠올려 보세요.

오늘 배울 단어를 듣고 따라 읽어 보세요.

TRACK 18-01

わか 別れる 헤어지다	とうきょう 東京 도쿄[지명]	らいねん 来年 내년	イギリス 영국	りゅうがく 留学する 유학하다
まえがみ 前髪 앞머리	ネットフリックス 넷플릭스			

~ことに します ~하기로 합니다

TRACK 18-02

STEP 1　기본 문형 익히기

동사 기본형 ＋ ことに します　~하기로 해요

通（かよ）う
다니

飲（の）む
마시

別（わか）れる
헤어지

結婚（けっこん）する
결혼하

＋

ことに します。
기로 해요.

❶ 동사 기본형 뒤에 「ことに する」를 붙이면 '~하기로 하다'라는 뜻으로 자신의 의지로 어떤 일을 하기로 결정했을 때 사용합니다. 주로 앞으로의 일에 대한 결심이나 각오를 나타낼 때 쓰는 표현입니다.

❷ 「ことに する」에서 「こと」는 '것'이라는 의미의 명사이고, 「する」는 '하다'라는 의미의 동사이므로 직역하면 '~하는 것으로 하다'라는 뜻이 됩니다.

❸ 「する」 뒤에 「ます」를 붙여서 「ことに します」를 만들면 '~하기로 합니다'라는 뜻이 됩니다.

❹ 「する」 뒤에 「ました」를 붙여서 「ことに しました」를 만들면 '~하기로 했습니다'라는 뜻이 되며, 회화에서는 주로 과거형으로 사용합니다.

A-B 대화문 듣고 따라 말하기

A 夏休みは 何を する ことに しましたか。
여름 방학에는 무엇을 하기로 했나요?

B 日本語の 塾に 通う ことに しました。
일본어 학원에 다니기로 했어요.

STEP 3

다양한 문장 직접 말하기

Q ダイエットの ために 何を する ことに しましたか。
다이어트를 위해서 무엇을 하기로 했나요?

A ダイエットの ために お菓子を やめる ことに しました。
다이어트를 위해서 과자를 끊기로 했어요.

Q 여행은 어디에 가기로 했나요?
旅行は どこに 行く ことに しましたか。

A 도쿄에 가기로 했어요.
東京に 行く ことに しました。

Q 내년에는 무엇을 하기로 했나요?
来年は 何を する ことに しましたか。

A 영국에 유학하기로 했어요.
イギリスに 留学する ことに しました。

Q 오늘은 몇 시에 돌아가기로 했나요?
今日は 何時に 帰る ことに しましたか。

A 9시에 돌아가기로 했어요.
9時に 帰る ことに しました。

동사 ない형+ない ことに します ~하지 않기로 합니다

 **STEP 1** 기본 문형 익히기

TRACK 18-03 

동사 **ない형** + **ない ことに します** ~하지 않기로 해요

行か
い
가

使わ
つか
사용하

+

やめ
그만두

ない ことに します。
지 않기로 해요.

帰ら
かえ
돌아가

❶ 동사 ない형 뒤에 「ない ことに する」를 붙이면 '~하지 않기로 하다'라는 뜻이 됩니다.

❷ 「する」 뒤에 「ます」를 붙여서 「ない ことに します」를 만들면 '~하지 않기로 합니다'라는 뜻이 됩니다.

❸ 「する」 뒤에 「ました」를 붙여서 「ない ことに しました」를 만들면 '~하지 않기로 했습니다'라는 뜻이 되며, 회화에서는 주로 과거형으로 사용합니다.

 **STEP 2**   A-B 대화문 듣고 따라 말하기

A 明日の パーティーに 行きますか。
내일 파티에 가나요?

B 明日の パーティーに 行かない ことに しました。
내일 파티에 가지 않기로 했어요.

 **STEP 3**   다양한 문장 직접 말하기

Q 晩ご飯は 外で 食べますか。
저녁밥은 밖에서 먹나요?

A 今日は 外で 食べない ことに しました。
오늘은 밖에서 먹지 않기로 했어요.

Q 다나카 씨도 술을 마시나요?
田中さんも お酒を 飲みますか。

A 올해부터는 술을 마시지 않기로 했어요.
今年からは お酒を 飲まない ことに
しました。

Q 주말에 앞머리를 자르나요?
週末に 前髪を 切りますか。

A 앞머리를 자르지 않기로 했어요.
前髪を 切らない ことに しました。

Q 오후에는 넷플릭스로 영화를 보나요?
午後は ネットフリックスで 映画を
見ますか。

A 영화를 보지 않기로 했어요.
映画を 見ない ことに しました。

STEP 4 실전처럼 연습하기

스즈키　今年の　目標は　決めましたか。

최지아　はい、ジムに　通う　ことに　しました。

스즈키　私も　健康の　ために　早く　寝る　ことに　しました。

최지아　私は　ダイエットの　ために　運動します。

스즈키　え？ジアさんは　ダイエット　必要　ありません。

최지아　5キロ　太りましたよ。

TIP　일본어로 '살이 찌다'라고 할 때는「太る」, '살이 빠지다'라고 할 때는「痩せる」라고 합니다.

스즈키　올해 목표는 정했나요?

최지아　네, 헬스장에 다니기로 했어요.

스즈키　저도 건강을 위해서 일찍 자기로 했어요.

최지아　저는 다이어트를 위해서 운동해요.

스즈키　네? 지아 씨는 다이어트 필요 없어요.

최지아　5킬로그램 쪘어요.

새 단어

目標 목표　|　必要 필요　|　太る 살이 찌다

단어 익히기

01 다음 제시된 단어를 보고 빈칸을 채워 보세요.

1 헤어지다 　　한자 　　　　　　　　　　히라가나

2 유학하다 　　한자 　　　　　　　　　　히라가나

3 내년 　　　한자 　　　　　　　　　　히라가나

4 앞머리 　　한자 　　　　　　　　　　히라가나

문장 익히기

02 다음 일본어 문장을 우리말로 해석해 보세요.

1 東京に 行く ことに しました。

2 私も 健康の ために 早く 寝る ことに しました。

3 今日は 外で 食べない ことに しました。

4 今年からは お酒を 飲まない ことに しました。

5 夏休みは 何を する ことに しましたか。

 다음 우리말 문장을 일본어로 바꾸어 보세요.

1 헬스장에 다니기로 했어요.

2 내년에는 영국에 유학하기로 했어요.

3 내일 파티에 가지 않기로 했어요.

4 오후에는 영화를 보지 않기로 했어요.

5 오늘은 몇 시에 돌아가기로 했나요?

04 **다음 문장의 ★에 들어갈 가장 적당한 것을 1·2·3·4에서 하나 고르세요.**

1 夏休みは　日本語の ＿＿＿＿ ＿＿＿＿ ＿★＿ ＿＿＿＿ しました。

　1 塾　　　　　**2** 通う　　　　　**3** ことに　　　　　**4** に

2 ダイエットの ＿＿＿＿ ＿＿＿＿ ＿★＿ ＿＿＿＿ しました。

　1 やめる　　　**2** ことに　　　　**3** お菓子を　　　　**4** ために

3 週末に ＿＿＿＿ ＿★＿ ＿＿＿＿ ＿＿＿＿ しました。

　1 を　　　　　**2** 前髪　　　　　**3** ことに　　　　　**4** 切らない

日本で 働く ことに なりました。

일본에서 일하게 되었어요.

그림을 보면서 오늘 배울 내용을 떠올려 보세요.

오늘 배울 단어를 듣고 따라 읽어 보세요.

TRACK 19-01

か 変わる 바뀌다, 변하다	たんとう 担当する 담당하다	きこく 帰国する 귀국하다	ぶんかさい 文化祭 축제	この や お好み焼き 오코노미야키
ところ 所 곳, 장소	しあわ 幸せ 행복	しょうがくせい 小学生 초등학생	サポートする 서포트하다	

~ことに なります ~하게 됩니다

 **STEP 1**　기본 문형 익히기

TRACK 19-02

동사 기본형 + **ことに なります**　~하게 돼요

| 変わる
바뀌 |
| 働く
일하 |
| 辞める
그만두 |
| 参加する
참가하 |

+

ことに なります。
게 돼요.

❶ 동사 기본형 뒤에 「ことに なる」를 붙이면 '~하게 되다'라는 뜻으로 자신의 의지가 아닌 외부 요인에 의해 정해진 사항을 나타낼 때 쓰는 표현입니다.

❷ 「ことに なる」에서 「こと」는 '것'이라는 의미의 명사이고, 「なる」는 '되다'라는 의미의 동사이므로 직역하면 '~하는 것으로 되다'라는 뜻이 됩니다.

❸ 「なる」 뒤에 「ます」를 붙여서 「ことに なります」를 만들면 '~하게 됩니다'라는 뜻이 됩니다.

❹ 「なる」 뒤에 「ました」를 붙여서 「ことに なりました」를 만들면 '~하게 되었습니다'라는 뜻이 되며, 회화에서는 주로 과거형으로 사용합니다.

STEP 2 **A-B 대화문 듣고 따라 말하기**

A
ことし
今年は どこで 働く ことに なりましたか。
올해는 어디에서 일하게 되었나요?

B
ことし　にほん
今年は 日本で 働く ことに なりました。
올해는 일본에서 일하게 되었어요.

STEP 3 **다양한 문장 직접 말하기**

Q
つぎ　　はっぴょう　だれ　　たんとう
次の 発表は 誰が 担当する ことに なりましたか。
다음 발표는 누가 담당하게 되었나요?

A
わたし　たんとう
私が 担当する ことに なりました。
제가 담당하게 되었어요.

Q 언제 한국에 귀국하게 되었나요?
かんこく　　きこく
いつ 韓国に 帰国する ことに なり
ましたか。

A 다음 달, 귀국하게 되었어요.
らいげつ　きこく
来月、帰国する ことに なりました。

Q 축제에서 무엇을 만들게 되었나요?
ぶんかさい　なに　　つく
文化祭で 何を 作る ことに なりま
したか。

A 오코노미야키를 만들게 되었어요.
この　や　　つく
お好み焼きを 作る ことに なりました。

Q 오늘 점심은 누구와 먹게 되었나요?
きょう　　ひる　はん　だれ　　た
今日の 昼ご飯は 誰と 食べる こと
に なりましたか。

A 다나카 씨와 먹게 되었어요.
たなか　　　　　　た
田中さんと 食べる ことに なりました。

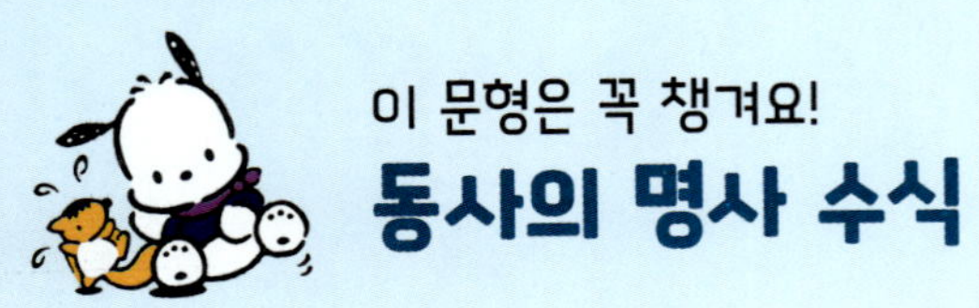

동사의 명사 수식

기본 문형 익히기

동사 기본형 + 명사   ~하는 명사

❶ 동사 기본형 뒤에 명사를 붙이면 '~하는 명사'라는 뜻이 됩니다.

❷ 동사는 형태를 변형하지 않고 기본형 그대로 명사를 수식할 수 있습니다.

STEP 2　A-B 대화문 듣고 따라 말하기

A
これは どんな 本^{ほん}ですか。
이것은 어떤 책인가요?

B
小学生^{しょうがくせい}が 読^よむ 本^{ほん}です。
초등학생이 읽는 책이에요.

STEP 3　다양한 문장 직접 말하기

Q
この かばんは 何^{なん}ですか。
이 가방은 뭐예요?

A
ノートパソコンを 入^いれる かばんです。
노트북을 넣는 가방이에요.

Q 이 방은 무슨 방이에요?
この 部屋^{へや}は 何^{なん}の 部屋^{へや}ですか。

A 음악을 듣는 방이에요.
音楽^{おんがく}を 聞^きく 部屋^{へや}です。

Q 저 사람은 누구예요?
あの 人^{ひと}は 誰^{だれ}ですか。

A 영어를 가르치는 선생님이에요.
英語^{えいご}を 教^{おし}える 先生^{せんせい}です。

Q 다나카 씨는 어떤 일을 하고 있나요?
田中^{たなか}さんは どんな 仕事^{しごと}を して いますか。

A 유학생을 서포트하는 일을 하고 있어요.
留学生^{りゅうがくせい}を サポートする 仕事^{しごと}を して います。

 **STEP 4** 실전처럼 연습하기

TRACK 19-04

김태오 新しい プロジェクトに 参加する ことに なりました。

다나카 どんな プロジェクトですか。

김태오 イベントを サポートする 仕事です。

다나카 それは 大変ですね。

김태오 でも、いい 経験ですよ。

다나카 頑張って ください。

TIP 「頑張って ください 열심히 하세요」에서 「ください」를 빼면 「頑張って」가 되어 '힘내, 화이팅'처럼 격려나 응원의 표현으로 자주 사용됩니다.

김태오 새 프로젝트에 참가하게 되었어요.

다나카 어떤 프로젝트예요?

김태오 이벤트를 서포트하는 일이에요.

다나카 그건 힘들겠네요.

김태오 하지만, 좋은 경험이에요.

다나카 열심히 하세요.

 새 단어

プロジェクト 프로젝트 | イベント 이벤트

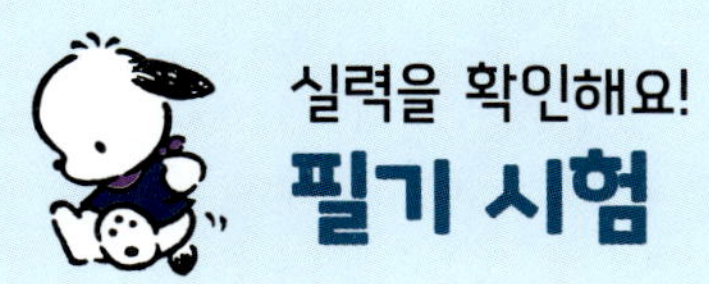

필기 시험

01 다음 제시된 단어를 보고 빈칸을 채워 보세요.

1 바뀌다, 변하다   한자 ___________________   히라가나 ___________________

2 곳, 장소   한자 ___________________   히라가나 ___________________

3 담당하다   한자 ___________________   히라가나 ___________________

4 초등학생   한자 ___________________   히라가나 ___________________

02 다음 일본어 문장을 우리말로 해석해 보세요.

1 来月、帰国する ことに なりました。

____

2 新しい プロジェクトに 参加する ことに なりました。

____

3 ノートパソコンを 入れる かばんです。

____

4 イベントを サポートする 仕事です。

____

5 今日の 昼ご飯は 誰と 食べる ことに なりましたか。

____

1　회사를 그만두게 되었어요.

2　축제에서 오코노미야키를 만들게 되었어요.

3　이것은 초등학생이 읽는 책이에요.

4　이 방은 음악을 듣는 방이에요.

5　열심히 하세요.

JLPT N5·N4 문법 대비 유형

04　다음 문장의 ★에 들어갈 가장 적당한 것을 1·2·3·4에서 하나 고르세요.

1　今年は ＿＿＿＿ ＿＿＿＿ ＿★＿ ＿＿＿＿ なりました。

　　1 で　　　　2 日本　　　　3 ことに　　　　4 働く

2　次の 発表 ＿＿＿＿ ＿★＿ ＿＿＿＿ ＿＿＿＿ なりました。

　　1 は　　　　2 担当する　　　　3 私が　　　　4 ことに

3　あの 人は ＿＿＿＿ ＿＿＿＿ ＿★＿ ＿＿＿＿ です。

　　1 を　　　　2 先生　　　　3 英語　　　　4 教える

天気も　晴れると　思います。

날씨도 맑을 거라고 생각해요.

 그림을 보면서 오늘 배울 내용을 떠올려 보세요.

오늘 배울 단어를 듣고 따라 읽어 보세요.

TRACK 20-01

は 晴れる	じしん 自信	ゆき 雪	おこ 怒る	こうかい 後悔する
맑다, 개다	자신(감)	눈	화내다	후회하다
しょうじき 正直に	ベトナム	ステージ	じ しゅうしつ 自習室	
솔직하게, 정직하게	베트남	무대	자습실	

~と 思います ~할 거라고 생각합니다

STEP 1　기본 문형 익히기

동사 기본형 ＋ と 思います　~할 거라고 생각해요

晴れる
맑을

なる
될

着く
도착할

勉強する
공부할

＋

と 思います。
거라고 생각해요.

❶ 동사 기본형 뒤에 「と 思う」를 붙이면 '~할 거라고 생각하다'라는 뜻이 되며 말하는 사람의 주관적인 의견이나 판단, 추측을 나타낼 때 쓰는 표현입니다.

❷ 「と 思う」에서 「と」는 '~라고'라는 의미의 조사이고, 「思う」는 '생각하다'라는 의미의 동사입니다.

❸ 「思う」 뒤에 「ます」를 붙여서 「と 思います」를 만들면 '~할 거라고 생각합니다'라는 뜻이 됩니다.

 **STEP 2** A-B 대화문 듣고 따라 말하기

A
なん じ
何時に 着きますか。
몇 시에 도착하나요?

B
しち じ
7時に 着くと 思います。
7시에 도착할 거라고 생각해요.

STEP 3 다양한 문장 직접 말하기

Q
きょう   し あい   じ しん
今日の 試合は 自信 ありますか。
오늘 시합은 자신 있나요?

A
きょう   し あい   か
はい、今日の 試合で 勝つと 思います。
네, 오늘 시합에서 이길 거라고 생각해요.

Q 내일 날씨는 어때요?
あした   てん き
明日の 天気は どうですか。

A 눈이 내릴 거라고 생각해요.
ゆき   ふ   おも
雪が 降ると 思います。

Q 그는 여자 친구가 있나요?
かれ   かのじょ
彼は 彼女が いますか。

A 여자 친구가 있을 거라고 생각해요.
かのじょ
彼女が いると 思います。

Q 오늘 회식에서 술을 마시나요?
きょう   の   かい   さけ   の
今日の 飲み会で お酒を 飲みますか。

A 아마 마실 거라고 생각해요.
の   おも
たぶん 飲むと 思います。

동사 ない형+ないと 思^{おも}います ~하지 않을 거라고 생각합니다

TRACK 20-03

| 동사 ない형 | + | ないと 思^{おも}います | ~하지 않을 거라고 생각해요 |

見^みえ
보이

怒^{おこ}ら
화내

食^たべ
먹

後悔^{こうかい}し
후회하

+

ないと 思^{おも}います。
지 않을 거라고 생각해요.

---

❶ 동사 ない형 뒤에 「ないと 思^{おも}う」를 붙이면 '~하지 않을 거라고 생각하다'라는 뜻이 되며 말하는 사람의 주관적인 의견이나 판단, 추측을 나타낼 때 쓰는 표현입니다.

❷ 「思^{おも}う」 뒤에 「ます」를 붙여서 「ないと 思^{おも}います」를 만들면 '~하지 않을 거라고 생각합니다'라는 뜻이 됩니다.

A-B 대화문 듣고 따라 말하기

A

彼に 正直に 言っても いいですか。

그에게 솔직하게 말해도 될까요?

B

はい、彼は 怒らないと 思います。

네, 그는 화내지 않을 거라고 생각해요.

STEP 3

다양한 문장 직접 말하기

Q

田中さんは バイトを 辞めますか。

다나카 씨는 아르바이트를 그만두나요?

A

たぶん 辞めないと 思います。

아마 그만두지 않을 거라고 생각해요.

Q 그도 베트남에 가나요?

彼も ベトナムに 行きますか。

A 그는 가지 않을 거라고 생각해요.

彼は 行かないと 思います。

Q 기무라 씨는 무대에서 노래를 부르나요?

木村さんは ステージで 歌を 歌いますか。

A 노래를 부르지 않을 거라고 생각해요.

歌を 歌わないと 思います。

Q 오늘도 자습실에서 공부하나요?

今日も 自習室で 勉強しますか。

A 오늘은 공부하지 않을 거라고 생각해요.

今日は 勉強しないと 思います。

STEP 4 실전처럼 연습하기

TRACK 20-04

스즈키　来週の 旅行、楽しみですね。

최지아　はい、とても 楽しい 旅行に なると 思います。

스즈키　天気も 晴れると 思いますよ。

최지아　よかった！星が 見たいですから。

스즈키　うーん、雲が 多くて 見えないと 思います。

최지아　じゃあ、夜は 温泉に 入りましょう！

TIP　일본어로 '구름'은 「雲」, '흐리다'는 「曇る」라고 합니다.

스즈키　다음 주 여행, 기대되네요.

최지아　네, 아주 즐거운 여행이 될 거라고 생각해요.

스즈키　날씨도 맑을 거라고 생각해요.

최지아　다행이다! 별이 보고 싶거든요.

스즈키　음, 구름이 많아서 보이지 않을 거라고 생각해요.

최지아　그러면, 밤에는 온천에 들어갑시다!

새 단어

楽しみ 기대함 　|　 ～に なる ~이/가 되다 　|　 星 별 　|　 雲 구름

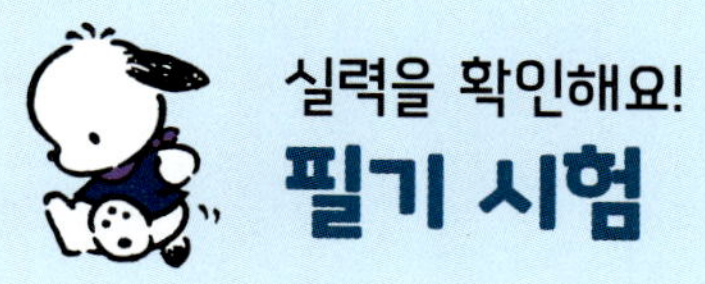

단어 익히기

01 다음 제시된 단어를 보고 빈칸을 채워 보세요.

1 눈　　　　한자　　　　　　　　　　　히라가나

2 구름　　　　한자　　　　　　　　　　　히라가나

3 자신(감)　　　　한자　　　　　　　　　　　히라가나

4 화내다　　　　한자　　　　　　　　　　　히라가나

문장 익히기

02 다음 일본어 문장을 우리말로 해석해 보세요.

1 彼は　彼女が　いると　思います。

____

2 天気も　晴れると　思いますよ。

____

3 たぶん　バイトを　辞めないと　思います。

____

4 今日は　自習室で　勉強しないと　思います。

____

5 今日の　飲み会で　お酒を　飲みますか。

____

 다음 우리말 문장을 일본어로 바꾸어 보세요.

1 내일은 눈이 내릴 거라고 생각해요.

---

2 오늘 시합에서 이길 거라고 생각해요.

---

3 그는 화내지 않을 거라고 생각해요.

---

4 기무라 씨는 무대에서 노래를 부르지 않을 거라고 생각해요.

---

5 구름이 많아서 별이 보이지 않을 거라고 생각해요.

JLPT N5·N4 문법 대비 유형

04 **다음 문장의 ★에 들어갈 가장 적당한 것을 1·2·3·4에서 하나 고르세요.**

1 彼は ______ ______ ★ ______ 思います。

1 に　　　　　2 ７時　　　　　3 明日の　　　　　4 着くと

2 とても ______ ★ ______ ______ 思います。

1 なると　　　　2 に　　　　　3 楽しい　　　　　4 旅行

3 彼 ______ ★ ______ ______ 思います。

1 は　　　　　2 に　　　　　3 ベトナム　　　　4 行かないと

부록

1 JLPT N5·N4 필수 어휘&문형 100

2 JLPT N5·N4 하프 모의고사

3 JLPT N5·N4 하프 모의고사 정답

4 필기 시험 정답

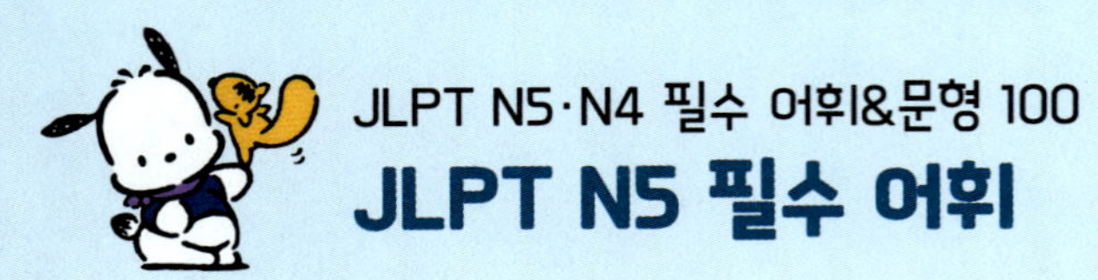

JLPT N5 필수 어휘

JLPT N5 시험에 자주 출제되는 필수 어휘를 익혀 보세요.

No	단어	읽는 법	뜻
01	足	あし	발
02	生まれる	うまれる	태어나다
03	英語	えいご	영어
04	教える	おしえる	가르치다
05	下りる	おりる	내려가다, 내려오다
06	外国	がいこく	외국
07	会社	かいしゃ	회사
08	帰る	かえる	돌아가다, 돌아오다
09	学生	がくせい	학생
10	簡単だ	かんたんだ	간단하다
11	北がわ	きたがわ	북쪽
12	果物	くだもの	과일
13	来る	くる	오다
14	今朝	けさ	오늘 아침
15	声	こえ	목소리
16	困る	こまる	곤란하다
17	歳	さい	~세, ~살
18	財布	さいふ	지갑
19	新聞	しんぶん	신문

No	단어	읽는 법	뜻
20	少ない	すくない	적다
21	空	そら	하늘
22	大切だ	たいせつだ	소중하다
23	出す	だす	내다, 제출하다
24	立つ	たつ	서다
25	チケット	ちけっと	티켓
26	天気	てんき	날씨
27	遠い	とおい	멀다
28	友だち	ともだち	친구
29	習う	ならう	배우다
30	飲む	のむ	마시다
31	履く	はく	(신발을) 신다
32	話	はなし	이야기
33	広い	ひろい	넓다
34	古い	ふるい	오래되다
35	毎週	まいしゅう	매주
36	前	まえ	앞, 전
37	まっすぐ	-	쭉 곧음, 곧장
38	店	みせ	가게
39	休む	やすむ	쉬다
40	読む	よむ	읽다

JLPT N4 필수 어휘

JLPT N4 시험에 자주 출제되는 필수 어휘를 익혀 보세요.

No	단어	읽는 법	뜻
41	集める	あつめる	모으다
42	赤い	あかい	붉다
43	明るい	あかるい	밝다
44	朝	あさ	아침
45	味	あじ	맛
46	姉	あね	누나, 언니
47	案内	あんない	안내
48	以下	いか	이하
49	動く	うごく	움직이다
50	運転	うんてん	운전
51	親指	おやゆび	엄지손가락
52	終わる	おわる	끝나다
53	体	からだ	몸
54	考える	かんがえる	생각하다
55	厳しい	きびしい	엄격하다
56	決める	きめる	정하다, 결정하다
57	空港	くうこう	공항
58	薬	くすり	약
59	景色	けしき	경치

No	단어	읽는 법	뜻
60	けんかする	-	싸우다
61	工事	こうじ	공사
62	交通	こうつう	교통
63	故障	こしょう	고장
64	今度	こんど	이번, 이다음
65	探す	さがす	찾다
66	女性	じょせい	여성
67	生産	せいさん	생산
68	説明	せつめい	설명
69	育てる	そだてる	키우다
70	大事だ	だいじだ	중요하다
71	チャンス	ちゃんす	찬스
72	天気予報	てんきよほう	일기예보
73	入院	にゅういん	입원
74	走る	はしる	달리다
75	反対	はんたい	반대
76	火	ひ	불
77	光る	ひかる	빛나다
78	必要だ	ひつようだ	필요하다
79	不便だ	ふべんだ	불편하다
80	笑う	わらう	웃다

JLPT N5·N4 필수 문형

No	문형	뜻 & 접속 방법
81	の ために ~을/를 위해서	접 명사+の ために 예 ピクニックの ために お弁当を 作って おきます。 소풍을 위해서 도시락을 만들어 두어요.
82	に 行く ~하러 가다	접 동사 ます형+に 行く 예 美容室に 髪を 切りに 行きます。 미용실에 머리를 자르러 가요.
83	に する ~로 하다	접 명사+に する 예 飲み物は コーラに します。 음료는 콜라로 할게요.
84	とき ~할 때	접 동사 기본형+とき 예 降りる とき お金を 払わないと いけません。 내릴 때 돈을 지불해야 해요.
85	つもりだ ~할 생각이다	접 동사 기본형+つもりだ 예 週末は ゆっくり 休む つもりです。 주말에는 느긋하게 쉴 생각이에요.
86	ことが できる ~할 수 있다	접 동사 기본형+ことが できる 예 私は 納豆を 食べる ことが できます。 저는 낫토를 먹을 수 있어요.
87	ながら ~하면서	접 동사 ます형+ながら 예 音楽を 聞きながら 運転します。 음악을 들으면서 운전해요.
88	たい ~하고 싶다	접 동사 ます형+たい 예 夏休みは 資格を 取りたいです。 여름 방학에는 자격증을 따고 싶어요.
89	やすい ~하기 쉽다	접 동사 ます형+やすい 예 この 単語は 覚えやすいです。 이 단어는 외우기 쉬워요.
90	にくい ~하기 어렵다	접 동사 ます형+にくい 예 浴衣は 着にくいです。 유카타는 입기 어려워요.

No	문형	뜻 & 접속 방법
91	すぎる 너무 ~하다	접 동사 ます형+すぎる 예 最近、ゲームを しすぎました。 요즘, 게임을 너무 많이 했어요.
92	ない 方が いい ~하지 않는 편이 좋다	접 동사 ない형+ない 方が いい 예 夜遅く 食べない 方が いいです。 밤늦게 먹지 않는 편이 좋아요.
93	なくても いい ~하지 않아도 된다	접 동사 ない형+なくても いい 예 急がなくても いいです。 서두르지 않아도 돼요.
94	た ことが ある ~한 적이 있다	접 동사 た형+ことが ある 예 富士山に 登った ことが あります。 후지산에 오른 적이 있어요.
95	た 方が いい ~하는 편이 좋다	접 동사 た형+方が いい 예 もっと 早く 寝た 方が いいです。 좀 더 일찍 자는 편이 좋아요.
96	たり たり する ~하거나 ~하거나 한다	접 동사 た형+り+동사 た형+り する 예 本を 読だり、ユーチューブを 見たり します。 책을 읽거나, 유튜브를 보거나 해요.
97	て いる ~하고 있다	접 동사 て형+いる 예 今、雨が 降って います。 지금, 비가 내리고 있어요.
98	て ください ~해 주세요	접 동사 て형+ください 예 ここに 座って ください。 여기에 앉아 주세요.
99	ても いい ~해도 된다	접 동사 て형+も いい 예 ワイファイを 使っても いいです。 와이파이를 사용해도 돼요.
100	ては いけない ~하면 안 된다	접 동사 て형+は いけない 예 ここで タバコを 吸っては いけません。 여기에서 담배를 피우면 안 돼요.

JLPT N5 모의고사 가채점표

문자·어휘·독해

		문제유형	문항 및 배점	점수	총점
문자 · 어휘	문제1	한자 읽기	7문제 × 1점	7	21점
	문제2	표기	5문제 × 1점	5	
	문제3	문맥 규정	6문제 × 1점	6	
	문제4	유의 표현	3문제 × 1점	3	
문법	문제1	문법 형식 판단	9문제 × 1점	9	17점
	문제2	문장 만들기	4문제 × 1점	4	
	문제3	글의 문법	4문제 × 1점	4	
독해	문제4	내용 이해(단문)	2문제×6점	12	30점
	문제5	내용 이해(중문)	2문제×6점	12	
	문제6	정보 검색	1문제×6점	6	
합계					68점

★ **득점환산법(120점 만점)** [득점] ÷ 68 × 120 = [   ]점

청해

		문제유형	문항 및 배점	점수	총점
청해	문제1	과제 이해	7문제 × 3점	21	55점
	문제2	포인트 이해	6문제 × 3점	18	
	문제3	발화 표현	5문제 × 2점	10	
	문제4	즉시 응답	6문제 × 1점	6	
합계					55점

★ **득점환산법(60점 만점)** [득점] ÷ 55 × 60 = [   ]점

※위 배점표는 시원스쿨어학연구소가 작성한 것으로 실제 시험과는 다소 오차가 있을 수 있습니다.

N5

げんごちしき (もじ・ごい)
(20ぷん)

ちゅうい
Notes

1. しけんが　はじまるまで、この　もんだいようしを　あけないで　ください。
   Do not open this question booklet until the test begins.

2. この　もんだいようしを　もって　かえる　ことは　できません。
   Do not take this question booklet with you after the test.

3. じゅけんばんごうと　なまえを　したの　らんに、じゅけんひょうと　おなじ　ように　かいて　ください。
   Write your examinee registration number and name clearly in each box below as written on your test voucher.

4. この　もんだいようしは、ぜんぶで　5ページ　あります。
   This question booklet has 5 pages.

5. もんだいには　かいとうばんごうの　1、2、3 … が　ついて　います。かいとうは、かいとうようしに　ある　おなじ　ばんごうの　ところに　マークして　ください。
   One of the row numbers 1, 2, 3 … is given for each question. Mark your answer in the same row of the answer sheet.

じゅけんばんごう　Examinee Registration Number	

なまえ　Name	

(れい)　かばんは　つくえの　下に　あります。

　　　　1　ちた　　　　2　した　　　　3　ちだ　　　　4　しだ

　　　　(かいとうようし)　| (例) | ① ● ③ ④ |

1　デパートは　学校の　前に　あります。㉕

　　1　うしろ　　　　2　まえ　　　　3　うえ　　　　4　なか

2　あの　店の　ひとは　とても　やさしいです。㉕㉔

　　1　ばしょ　　　　2　にわ　　　　3　ところ　　　　4　みせ

3　私は　四月に　日本に　きました。㉕

　　1　よんがつ　　　　2　しがつ　　　　3　よんげつ　　　　4　しげつ

4　お父さんは　ほんを　読んで　います。㉔

　　1　たのんで　　　　2　のんで　　　　3　よんで　　　　4　やすんで

5　天気が　いいから　あるきましょう。㉕㉔

　　1　でんき　　　　2　てんき　　　　3　でんぎ　　　　4　てんぎ

6　かのじょは　昨日も　会社に　行きました。㉔

　　1　かいしゃ　　　2　がいしゃ　　　3　かいさ　　　4　がいさ

7　プレゼントを　出して　ください。㉔㉓㉒

　　1　でして　　　　2　てして　　　　3　たして　　　　4　だして

 _____の　ことばは　どう　かきますか。1・2・3・4から　いちばん
いい　ものを　ひとつ　えらんで　ください。

（れい）　わたしの　へやには　ほんが　おおいです。
　　　　　1　山　　　　　2　川　　　　　3　花　　　　　4　本

（かいとうようし）　| れい（例） | ① ② ③ ● |

8　ちょっと　たって　ください。㉕㉔
　　1　座って　　　　2　立って　　　　3　待って　　　　4　行って

9　おとうとは　まいにち　しんぶんを　よみます。㉕㉒
　　1　親文　　　　2　親聞　　　　3　新文　　　　4　新聞

10　この　くつは　ろくせんえんでした。㉕
　　1　三千円　　　2　四千円　　　3　六千円　　　4　九千円

11　おっとは　まいしゅう　やまに　のぼります。㉔
　　1　毎週　　　　2　毎日　　　　3　来週　　　　4　来月

12　あそこに　いる　おとこのひとは　山田（やまだ）さんです。㉓
　　1　女の子　　　2　男の子　　　3　女の人　　　4　男の人

（れい）　あそこで　バスに　（　　　）。

　　　1　たべました　　　　　　　2　のりました

　　　3　つきました　　　　　　　4　はいりました

（かいとうようし）　　｜(例)｜　①　●　③　④｜

13　ほんを　3（　　　）　もらいました。㉕㉓
　　1　ぼん　　　　　2　だい　　　　　3　さつ　　　　　4　びき

14　もっと　おおきい　（　　　）で　うたって　ください。㉕
　　1　こえ　　　　　2　かお　　　　　3　て　　　　　4　あし

15　さんぽの　ときは　いつも　この　スニーカーを　（　　　）。㉔㉒
　　1　つけます　　　2　かぶります　　3　ぬぎます　　　4　はきます

16　これは　ははの　（　　　）　ゆびわです。㉕
　　1　にぎやかな　　2　たいせつな　　3　しずかな　　　4　じょうずな

17　がっこうに　さいふを　（　　　）。㉓
　　1　きました　　　2　わかりました　3　わすれました　4　いきました

18　きょうしつが　あつくて　（　　　）を　つけました。㉒
　　1　エレベーター　2　エアコン　　　3　シャワー　　　4　ドア

（れい）　けさ　しゅくだいを　しました。

1　おとといの　あさ　しゅくだいを　しました。

2　おとといの　よる　しゅくだいを　しました。

3　きょうの　あさ　しゅくだいを　しました。

4　きょうの　よる　しゅくだいを　しました。

（かいとうようし）

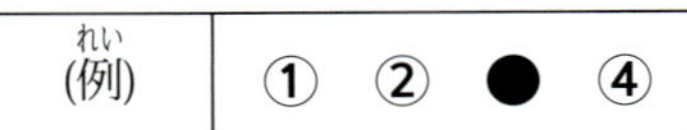

19　あさ　くだものを　たべました。㉕

1　あさ　ラーメンを　たべました。

2　あさ　さかなを　たべました。

3　あさ　バナナを　たべました。

4　あさ　ステーキを　たべました。

20　となりの　へやは　ひろいです。㉕

1　となりの　へやは　ちいさいです。

2　となりの　へやは　おおきいです。

3　となりの　へやは　しずかです。

4　となりの　へやは　うるさいです。

21　あの　ひとは　わたしの　そふです。㉔

1　あの　ひとは　ちちの　ちちです。

2　あの　ひとは　ちちの　ははです。

3　あの　ひとは　ちちの　あねです。

4　あの　ひとは　ちちの　あにです。

N5

げん ご ち しき
言語知識 (文法)
ぶん ぽう

(20ぷん)

ちゅう い
注　意
Notes

1. 試験が始まるまで、この問題用紙をあけないでください。

   Do not open this question booklet until the test begins.

2. この問題用紙を持って帰ることはできません。

   Do not take this question booklet with you after the test.

3. 受験番号となまえをしたの欄に、受験票と同じようにかいてください。

   Write your examinee registration number and name clearly in each box below as written on

   your test voucher.

4. この問題用紙は、全部で6ページあります。

   This question booklet has 6 pages.

5. 問題には解答番号の ⬚1 、 ⬚2 、 ⬚3 … があります。
   回答は、解答用紙にあるおなじ番号のところにマークしてください。

   One of the row numbers ⬚1, ⬚2, ⬚3 … is given for each question. Mark your answer in the

   same row of the answer sheet.

じゅけんばんごう 受験番号　Examinee Registration Number	

なまえ　Name	

もんだい1　(　　)に　なにが　はいりますか。1・2・3・4から　いちばん　いい
ものを　ひとつ　えらんで　ください。

(れい)　これ(　　)　ざっしです。

　　　　1　に　　　　　2　を　　　　　3　は　　　　　4　や

(かいとうようし)　(例)　① ② ● ④

1　テーブルの　上に　新聞や　本(　　)が　あります。㉕

　　1　から　　　　　2　と　　　　　3　も　　　　　4　など

2　昨日　クッキーを　作りました。2時間(　　)　かかりました。㉕㉔

　　1　を　　　　　2　ぐらい　　　　　3　では　　　　　4　に

3　姉は　大学生(　　)　日本に　すんで　います。㉕㉓

　　1　を　　　　　2　は　　　　　3　で　　　　　4　が

4　弟は　毎日　ピアノ(　　)　練習を　します。㉔

　　1　の　　　　　2　へ　　　　　3　や　　　　　4　に

5　(会社で)

A「仕事は　終わりましたか。」

B「いいえ、(　　　)です。」㉕

　1　いくら　　　　　2　いつ　　　　　3　また　　　　　4　まだ

6　(　　　)に　ある　車は　木村さんのです。㉔

　1　あの　　　　　　2　あそこ　　　　3　その　　　　　4　どこ

7　母は　あまり　テレビを(　　　)。㉓

　1　みました　　　　2　みて　います　3　みません　　　4　みます

8　パク「友だちが　私に　かばんを(　　　)。とても　うれしかったです。」
　キム「いいですね！」㉒

　1　くれます　　　　2　もらいました　3　あげました　　4　くれました

9　田中「荷物が　多いですね。ちょっと(　　　)。」
　山本「ありがとうございます。」㉔

　1　持ちましょうか　　　　　　　　2　持ちましょう
　3　持ちません　　　　　　　　　　4　持ちました

もんだい2 　＿★＿に　入<ruby>はい</ruby>る　ものは　どれですか。1・2・3・4から　いちばん
　　　　　いい　ものを　一<ruby>ひと</ruby>つ　えらんで　ください。

（もんだいれい）

　あの＿＿＿　＿＿＿　＿★＿　＿＿＿ですか。

　　1　くるま　　　　　2　の　　　　　　　3　だれ　　　　　4　は

（こたえかた）

　1．ただしい　文<ruby>ぶん</ruby>を　つくります。

> あの＿＿＿　＿＿＿　＿★＿　＿＿＿ですか。
>
> 　　1　くるま　　　　　4　は　　　　　　　3　だれ　　　　　2　の

　2．＿★＿に　入<ruby>はい</ruby>る　ばんごうを　くろく　ぬります。

　　　（かいとうようし）　　（例<ruby>れい</ruby>）　　①　②　●　④

10　公園<ruby>こうえん</ruby>＿＿＿　＿★＿　＿＿＿　＿＿＿あります。㉕

　　1　さくらの　木<ruby>き</ruby>　　2　に　　　　　　3　が　　　　　　4　小<ruby>ちい</ruby>さい

11　私<ruby>わたし</ruby>は　いちご＿＿＿　＿＿＿　＿★＿　＿＿＿好<ruby>す</ruby>きです。㉔

　　1　が　　　　　　　　2　の　　　　　　　3　いちばん　　　4　ケーキ

12　木村<ruby>きむら</ruby>さんは　私<ruby>わたし</ruby>＿＿＿　＿＿＿　＿★＿　＿＿＿持<ruby>も</ruby>って　います。㉕

　　1　かばん　　　　　　2　が　　　　　　　3　を　　　　　　4　あげた

13　おばあさんの　家<ruby>いえ</ruby>＿＿＿　＿＿＿　＿★＿　＿＿＿たくさん　います。㉔

　　1　に　　　　　　　　2　犬<ruby>いぬ</ruby>　　　　　3　は　　　　　　4　が

もんだい3　　14 から 17 に　何を　入れますか。ぶんしょうの　いみを　かんがえて

　　　　　　　1・2・3・4から　いちばん　いい　ものを　一つ　えらんで　ください。

ガレスさんと　ハリーさんは　「日本の　電車」の　さくぶんを　書いて、クラスの
みんなの　前で　読みます。

(1)　ガレスさんの　さくぶん

日本の　電車は　とても　便利です。長い　時間　待たなくても　いいです。
14 　学校に　行く　時は　いつも　電車に　乗ります。また　とても　安
全です。私は　静かな　ところが　15 、電車の　中は　大きな　声で　話
す　人も　あまり　いないので　とても　いいです。

(2)　ハリーさんの　さくぶん

日本の　電車は　とても　便利ですが、値段が　高くて　16 。それで、私
は　自転車に　よく　乗ります。でも　学校が　家から　遠くて　ときどき
バスに　乗ります。毎朝　お父さんが　500円を　17 。自転車で　学校に
行く　日は　好きな　ものを　買う　ことが　できます。

14
1 それから
2 だから
3 でも
4 しかし

15
1 好<ruby>す</ruby>きな
2 好<ruby>す</ruby>きでした
3 好<ruby>す</ruby>きで
4 好<ruby>す</ruby>きじゃない

16
1 あまり　乗<ruby>の</ruby>ります
2 あまり　乗<ruby>の</ruby>りません
3 いつも　乗<ruby>の</ruby>ります
4 いつも　乗<ruby>の</ruby>りません

17
1 くれます
2 あげます
3 あります
4 もらいます

JLPT N4 모의고사 가채점표

문자·어휘·독해

		문제유형	문항 및 배점	점수	총점
문자·어휘	문제1	한자 읽기	7문제 × 1점	7	28점
	문제2	표기	5문제 × 1점	5	
	문제3	문맥 규정	8문제 × 1점	8	
	문제4	유의 표현	4문제 × 1점	4	
	문제5	용법	4문제 × 1점	4	
문법	문제1	문법 형식 판단	13문제 × 1점	13	21점
	문제2	문장 만들기	4문제 × 1점	4	
	문제3	글의 문법	4문제 × 1점	4	
독해	문제4	내용 이해(단문)	3문제×6점	18	48점
	문제5	내용 이해(중문)	3문제×6점	18	
	문제6	정보 검색	2문제×6점	12	
합계					97점

★ 득점환산법(120점 만점)　[득점] ÷ 97 × 120 = [　　]점

청해

		문제유형	문항 및 배점	점수	총점
청해	문제1	과제 이해	8문제 × 2점	16	56점
	문제2	포인트 이해	7문제 × 2점	14	
	문제3	발화 표현	5문제 × 2점	10	
	문제4	즉시 응답	8문제 × 2점	16	
합계					56점

★ 득점환산법(60점 만점)　[득점] ÷ 56 × 60 = [　　]점

※위 배점표는 시원스쿨어학연구소가 작성한 것으로 실제 시험과는 다소 오차가 있을 수 있습니다.

N4

げんごちしき (もじ・ごい)
(25ふん)

ちゅうい
Notes

1. しけんが　はじまるまで、この　もんだいようしを　あけないで　ください。
Do not open this question booklet until the test begins.

2. この　もんだいようしを　もって　かえる　ことは　できません。
Do not take this question booklet with you after the test.

3. じゅけんばんごうと　なまえを　したの　らんに、じゅけんひょうと　おなじ　ように　かいて　ください。
Write your examinee registration number and name clearly in each box below as written on your test voucher.

4. この　もんだいようしは、ぜんぶで　10ページ　あります。
This question booklet has 10 pages.

5. もんだいには　かいとうばんごうの　1、2、3 … が　ついて　います。
かいとうは、かいとうようしに　ある　おなじ　ばんごうの　ところに　マークして　ください。
One of the row numbers 1, 2, 3 … is given for each question. Mark your answer in the same row of the answer sheet.

じゅけんばんごう　Examinee Registration Number	

なまえ　Name	

もんだい1 ＿＿＿の ことばは ひらがなで どう かきますか。1・2・3・4か
ら いちばん いい ものを ひとつ えらんで ください。

(れい) あしたは 雨ですか。

1 はれ　　　2 あめ　　　3 ゆき　　　4 くもり

(かいとうようし)　　(例)　① ● ③ ④

---

1 木村さんは とても 明るい 人です。㉕

1 まるい　　　2 あかるい　　　3 ぬるい　　　4 かるい

2 となりの 家は 工事を して います。㉔㉒

1 ごじ　　　2 こじ　　　3 こうじ　　　4 こうし

3 おじいさんは まいばん 薬を 飲んで います。㉔

1 くすり　　　2 しお　　　3 さとう　　　4 ふくろ

4 私は 赤い スカートが ほしいです。㉕㉒

1 あおい　　　2 しろい　　　3 くろい　　　4 あかい

5 いまは がっこうで 日本語を 教えて います。㉔

1 おしえて　　　2 かんがえて　　　3 つたえて　　　4 かぞえて

6　きのうは　天気予報を　みました。㉔

　　1　ようほう　　　　2　ようぼう　　　　3　よほう　　　　4　よぼう

7　おばあさんが　せんしゅう　入院しました。㉔

　　1　にゅいん　　　　2　にゅういん　　　3　にゅえん　　　　4　にゅうえん

> (れい)　この　ざっしを　<u>みて</u>　ください。
>
> 　　　　1　買て　　　　2　見て　　　　3　貝て　　　　4　目て
>
> 　　(かいとうようし)　　| れい(例) | ① ● ③ ④ |

8　それは　どんな　<u>あじ</u>でしたか。㉕

　　1　音　　　　2　味　　　　3　声　　　　4　色

9　じゅぎょうは　4じに　<u>おわります</u>。㉕

　　1　開わります　　2　始わります　　3　閉わります　　4　終わります

10　ここは　すこし　<u>あつい</u>ですね。㉔

　　1　寒い　　　　2　暑い　　　　3　暗い　　　　4　高い

11　この　まちは　<u>こうつう</u>が　べんりです。㉔

　　1　交通　　　　2　共通　　　　3　交道　　　　4　共道

12　<u>せつめい</u>を　よく　聞いて　ください。㉔

　　1　設明　　　　2　設名　　　　3　説明　　　　4　説名

もんだい3　(　　　)に　なにが　はいりますか。1・2・3・4から　いちばん　い
い　ものを　ひとつ　えらんで　ください。

(れい)　くるまが　3(　　　)　あります。

1　さつ　　　　2　まい　　　　3　だい　　　4　ひき

(かいとうようし)　　| れい
(例) | ① ② ● ④ |

13　10日(　　　)の　ひは　大丈夫です。㉕

1　いがい　　　　2　よそう　　　　3　いま　　　　4　いどう

14　あの　レストランの(　　　)には　ごはんが　ないです。㉔

1　ガラス　　　　2　コップ　　　　3　アルバイト　　4　メニュー

15　ひこうきに　のる　時には、パスポートが　(　　　)です。㉔

1　じゅんび　　　2　ひつよう　　　3　ていねい　　　4　じゅうぶん

16　とても　(　　　)　なまえでした。㉕

1　ちかい　　　　2　まずい　　　　3　めずらしい　　4　とおい

17　この　チョコレートは　外国人に　（　　　）が　ある。㉔

　　1　しゅるい　　　　2　にんき　　　　　3　きぶん　　　　4　しゅみ

18　木村先生は　とても　（　　　）です。㉔

　　1　さむい　　　　　2　すずしい　　　　3　きびしい　　　　4　にがい

19　そろそろ　やくそくを　（　　　）。㉔

　　1　きめましょう　　2　のみましょう　　3　たべましょう　　4　きましょう

20　らいしゅう　りょこうに　行くので　ホテルを　（　　　）しました。㉒

　　1　うけつけ　　　　2　よやく　　　　　3　よてい　　　　　4　けいかく

（れい）　あの　人は　うつくしいですね。

1　あの　人は　きれいですね。

2　あの　人は　元気ですね。

3　あの　人は　おもしろいですね。

4　あの　人は　わかいですね。

（かいとうようし）　| れい
（例） | ● ② ③ ④ |

---

[21]　吉田さんは　ちょうじょです。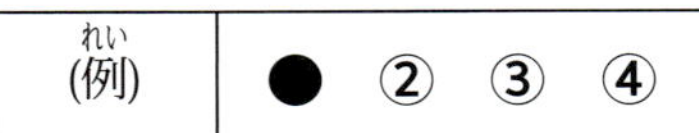

1　吉田さんは　いちばんめの　むすこです。

2　吉田さんは　にばんめの　むすこです。

3　吉田さんは　いちばんめの　むすめです。

4　吉田さんは　にばんめの　むすめです。

22 こどもが　にこにこ　して　います。㉕

　　1　こどもが　わらって　います。

　　2　こどもが　おしえて　います。

　　3　こどもが　ならって　います。

　　4　こどもが　てつだって　います。

23 これは　じょせいの　ふくです。㉔

　　1　これは　おおきい　ふくです。

　　2　これは　ちいさい　ふくです。

　　3　これは　おとこの　人の　ふくです。

　　4　これは　おんなの　人の　ふくです。

24 ここでは　たくさんの　くるまを　せいさんして　います。㉔

　　1　ここでは　たくさんの　くるまを　なおして　います。

　　2　ここでは　たくさんの　くるまを　つくって　います。

　　3　ここでは　たくさんの　くるまを　こわして　います。

　　4　ここでは　たくさんの　くるまを　かりて　います。

（れい）　おたく

    1　こんど　<u>おたく</u>に　遊びに　きて　ください。

    2　また　<u>おたく</u>を　する　ときは　おしえて　ください。

    3　もしもし、田中さんの　<u>おたく</u>ですか。

    4　こどもには　<u>おたく</u>が　ひつようです。

（かいとうようし）

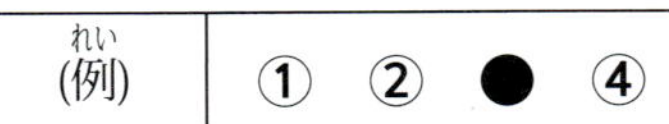

25　ひかる　㉕

    1　ははは　まいばん　ほんを　<u>ひかります</u>。

    2　ほしが　<u>ひかる</u>のを　見る　ために　やまに　のぼりました。

    3　あした　ちゅうごくごの　テストを　<u>ひかります</u>。

    4　まだ　じかんが　ありますから　ゆっくり　<u>ひかって</u>　ください。

26　あんない　㉕

    1　けんこうの　ために　明日から　<u>あんない</u>する　つもりです。

    2　ゆきが　ふって　しあいを　<u>あんない</u>しました。

    3　この　へやから　みる　<u>あんない</u>が　すきです。

    4　キムさんが　がっこうを　<u>あんない</u>して　くれました。

27 けしき ㉔

1 そろそろ　むすこが　くる　けしきですね。

2 この　りょうりは　いい　けしきが　します。

3 この　まちは　山が　あって　けしきが　いいです。

4 きのうは　こしが　いたくて　れんしゅうを　けしき　しました。

28 そだてる ㉔

1 ふゆやすみに　日本に　そだてる　つもりです。

2 かれは　むすめを　そだてて　います。

3 ことしから　コーヒーを　そだてて　います。

4 しりょうを　たくさん　そだてて　レポートを　書きます。

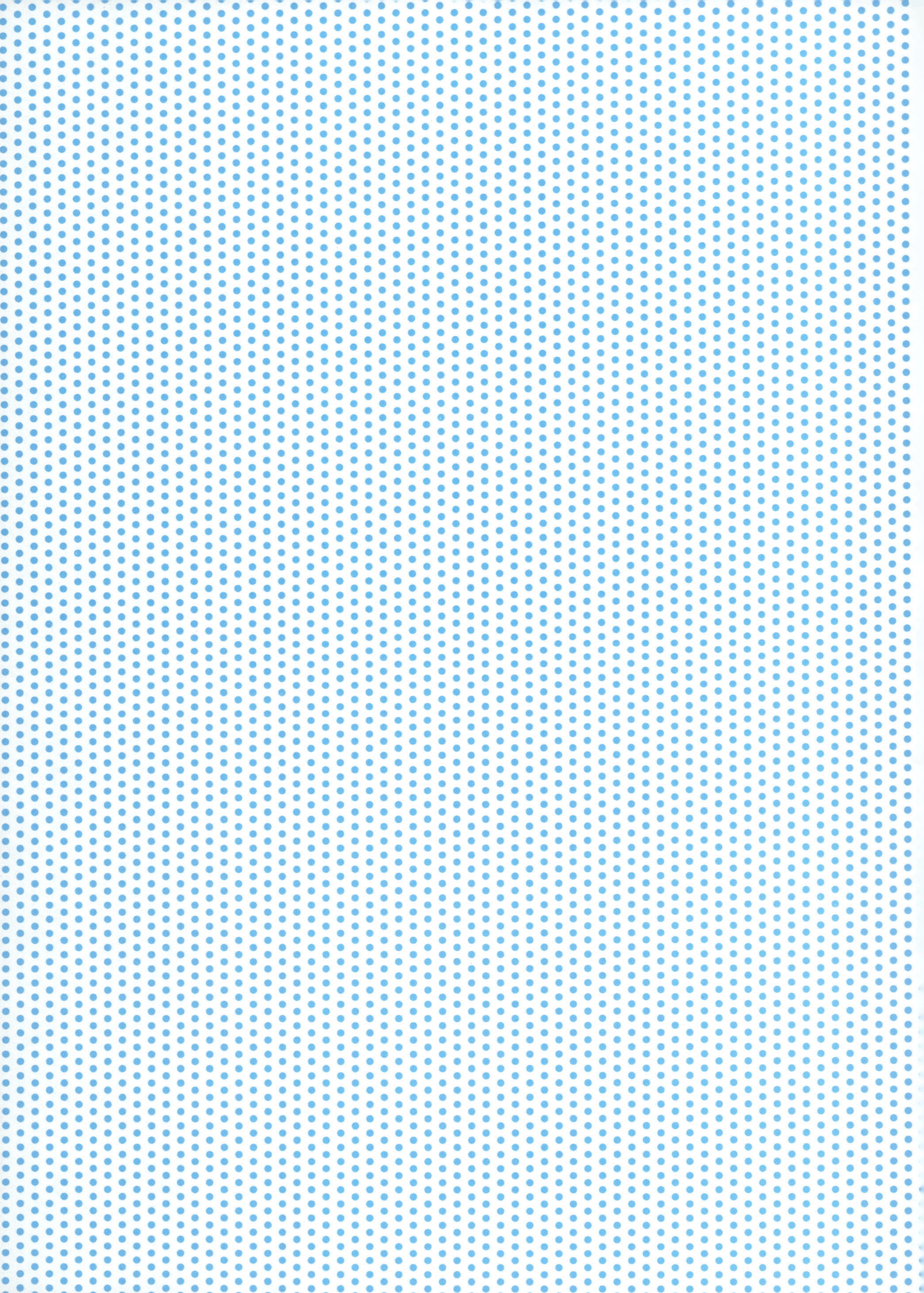

N4

言語知識 (文法)

(20ぷん)

注 意
Notes

1. 試験が始まるまで、この問題用紙をあけないでください。

   Do not open this question booklet until the test begins.

2. この問題用紙を持って帰ることはできません。

   Do not take this question booklet with you after the test.

3. 受験番号となまえをしたの欄に、受験票と同じようにかいてください。

   Write your examinee registration number and name clearly in each box below as written on your test voucher.

4. この問題用紙は、全部で8ページあります。

   This question booklet has 8 pages.

5. 問題には解答番号の 1 、 2 、 3 … があります。
   回答は、解答用紙にあるおなじ番号のところにマークしてください。

   One of the row numbers 1, 2, 3 … is given for each question. Mark your answer in the same row of the answer sheet.

受験番号 Examinee Registration Number	
なまえ Name	

もんだい1　（　　　）に　何^{なに}を　入^いれますか。1・2・3・4から　いちばん　いい

　　　　　　　ものを　ひとつ　えらんで　ください。

（れい）　電車^{でんしゃ}(　　　)　会社^{かいしゃ}へ　行きます。

　　　　　　1　し　　　　　2　と　　　　　3　で　　　　　4　に

　　　　　　（かいとうようし）　｜ (例)^{れい} ｜ ① ② ● ④ ｜

1　この　ジャムは　ぶどう(　　　)　作ります。㉕

　　1　は　　　　　　2　の　　　　　　3　へ　　　　　　4　で

2　この　カードは　買い物^{か もの}(　　　)　便利^{べん り}です。㉕

　　1　を　　　　　　2　に　　　　　　3　や　　　　　　4　と

3　妹^{いもうと}(　　　)の　にもつが　届^{とど}きました。㉕㉓

　　1　から　　　　　2　まで　　　　　3　など　　　　　4　でも

4　(　　　)　彼^{かれ}と　話したくありません。㉔

　　1　いつ　　　　　2　かならず　　　3　もう　　　　　4　すぐ

5 山田「木村さんは 英語で メールを （　　　） ことが できますか。」
木村「はい、できます。」㉔

1　書いて　　　　2　書いた　　　　3　書き　　　　4　書く

6 最近、忙しくて 彼氏と なかなか （　　　）。㉔

1　会う　　　　2　会えない　　　　3　会います　　　4　会いました

7 週末は 夫と 富士山に （　　　）つもりです。⑭⑫

1　のぼった　　　2　のぼりたい　　　3　のぼります　　4　のぼる

8 田中「鈴木さんは アメリカに （　　　） ことが ありますか。」
鈴木「はい、あります！」㉔

1　行って　　　　2　行った　　　　3　行く　　　　4　行か

9 友だちが 傘を 買って （　　　）。㉕⑪⑩

1　あげました　　2　くれました　　3　もらいました　　4　ありました

10　そんなに　（　　　　）なくても　いいですよ。㉕
　　1　急いで　　　　　2　急いだ　　　　　3　急ぐ　　　　　4　急が

11　土曜日は　一日（　　　）　部屋に　いました。㉕
　　1　中　　　　　　2　上　　　　　　3　下　　　　　　4　外

12　A「昨日　（　　　　）　学校に　来ませんでしたか。」
　　B「頭が　痛かったです。」㉔
　　1　どの　　　　　　2　どれ　　　　　　3　どう　　　　　　4　どうして

13　山下「吉田さんは　何を　飲みますか。」
　　吉田「私は　アイスコーヒーに　（　　　）。」㉔
　　1　します　　　　　2　しません　　　　3　いい　　　　　4　ください

　______★______に　入^{はい}る　ものは　どれですか。1・2・3・4から　いちばん

　　　　　　いい　ものを　一つ　えらんで　ください。

（問題例^{もんだいれい}）

　すみません。______　______　__★__　______か。

　1　です　　　　　　2　は　　　　　　3　トイレ　　　　4　どこ

（答^{こた}え方^{かた}）

　1. 正^{ただ}しい　文^{ぶん}を　作^{つく}ります。

> すみません。______　______　__★__　______か。
>
> 　3　トイレ　　　　2　は　　　　　　4　どこ　　　　　1　です

　2. __★__に　入^{はい}る　番号^{ばんごう}を　黒^{くろ}く　塗^ぬります。

（解答用紙^{かいとうようし}）

（例^{れい}）	① ② ③ ●

14　私^{わたし}が　持^もって　いる　かばん______　__★__　______　______小^{ちい}さいです。㉕

　1　一番^{いちばん}　　　　2　で　　　　　　3　中^{なか}　　　　4　の

15　もっと　広^{ひろ}い______　______　__★__　______です。㉔

　1　を　　　　　　　2　部屋^{へや}　　　　3　したい　　　　4　予約^{よやく}

16 この　カレー＿＿＿＿　＿＿＿＿　＿★＿＿　＿＿＿だれですか。⑱⑫⑩

　　1　作った　　　　2　を　　　　　3　人　　　　4　は

17 弟は＿＿＿＿　＿＿＿＿　＿★＿＿　＿＿＿いoldます。㉓

　　1　貯金して　　　2　して　　　　3　を　　　　4　アルバイト

下の　文章は、留学生の　作文です。

私の　先生

ジョンソン

私の　先生を　しょうかいします。先生の　名前は　「山田　みゆ」です。30さい　18です。彼女は　せが　とても　高くて、ほそいです。19めがねを　かけて　いて、かみが　長いです。

私は　先生に　初めて　会った　時、学生だと　思いました。とても　わかく見えます。先生は　いつも　私の　なやみを　聞いて　くれます。また、わからない　ことを　質問すると　優しく　20。だから、日本語を　もっと楽しく　21。

| 18 | 1　だけ | 2　だから |
| | 3　ぐらい | 4　まで |

| 19 | 1　ぜんぜん | 2　また |
| | 3　あまり | 4　とても |

| 20 | 1　答えて　くれます | 2　答えて　あげます |
| | 3　答えて　もらいます | 4　答えて　いません |

| 21 | 1　勉強しますか | 2　勉強しませんか |
| | 3　勉強して　います | 4　勉強して　いません |

JLPT N5 하프 모의고사 정답

언어지식(문자·어휘)   189p

정답

1	2	2	4	3	2	4	3	5	2	6	1
7	4	8	2	9	4	10	3	11	1	12	4
13	3	14	1	15	4	16	2	17	3	18	2
19	3	20	2	21	1						

해석

문제 1 _____의 말은 히라가나로 어떻게 씁니까? 1·2·3·4에서 가장 알맞은 것을 하나 골라 주세요.

> (예) 가방은 책상 <u>아래</u>에 있습니다.

1 백화점은 학교 <u>앞</u>에 있습니다.
2 저 <u>가게</u>의 사람은 매우 상냥합니다.
3 저는 <u>4월</u>에 일본에 왔습니다.
4 아버지는 책을 <u>읽고</u> 있습니다.
5 <u>날씨</u>가 좋으니까 걸읍시다.
6 그녀는 <u>어제</u>도 회사에 갔습니다.
7 선물을 <u>꺼내</u> 주세요.

문제 2 _____의 말은 어떻게 씁니까? 1·2·3·4에서 가장 알맞은 것을 하나 골라 주세요.

> (예) 저의 방에는 <u>책</u>이 많습니다.

8 잠깐 <u>일어서</u> 주세요.
9 남동생은 매일 <u>신문</u>을 읽습니다.
10 이 신발은 <u>6천엔</u>이었습니다.
11 남편은 <u>매주</u> 산에 오릅니다.
12 저기에 있는 <u>남자</u>는 야마다 씨입니다.

문제 3 ( )에 무엇이 들어갑니까? 1·2·3·4에서 가장 알맞은 것을 하나 골라 주세요.

> (예) 저기에서 버스를 (탔습니다).

13 책을 3(권) 받았습니다.
14 더 큰 (목소리)로 불러 주세요.
15 산책할 때는 항상 이 운동화를 (신습니다).
16 이것은 어머니의 (소중한) 반지입니다.
17 학교에 지갑을 (잊고 왔습니다).
18 교실이 더워서 (에어컨)을 켰습니다.

문제 4 _____의 문장과 대체로 같은 의미의 문장이 있습니다. 1·2·3·4에서 가장 알맞은 것을 하나 골라 주세요.

> (예) 오늘 아침 숙제를 했습니다.
>   3 오늘의 아침 숙제를 했습니다.

19 아침에 과일을 먹었습니다.
  3 아침에 바나나를 먹었습니다.
20 옆 방은 넓습니다.
  2 옆 방은 큽니다.
21 저 사람은 저의 할아버지입니다.
  1 저 사람은 아버지의 아버지입니다.

정답

1 4	**2** 2	**3** 3	**4** 1	**5** 4	**6** 2
7 3	**8** 4	**9** 1	**10** 4	**11** 1	**12** 1
13 2	**14** 2	**15** 3	**16** 2	**17** 1	

해석

문제 1 （　　）에 무엇을 넣습니까? 1·2·3·4에서 가장 알맞은 것을 하나 골라 주세요.

> (예) 이것(은) 잡지입니다.

1 테이블 위에 신문이랑 책 (등)이 있습니다.

2 어제 쿠키를 만들었습니다. 2시간 (정도) 걸렸습니다.

3 언니/누나는 대학생(이고) 일본에 살고 있습니다.

4 남동생은 매일 피아노(의) 연습을 합니다.

5 (회사에서)
A "일은 끝났습니까?"
B "아니요, (아직)입니다."

6 (저기)에 있는 차는 기무라 씨의 것입니다.

7 어머니는 그다지 텔레비전을 (보지 않습니다).

8 박 "친구가 저에게 가방을 (주었습니다).
매우 기뻤습니다."
김 "좋네요!"

9 다나카 "짐이 많네요. 조금 (들어줄까요)."
야마모토 "감사합니다."

문제 2 ＿＿★＿＿에 들어가는 것은 어느 것입니까? 1·2·3·4에서 가장 알맞은 것을 하나 골라 주세요.

> (예) 저 <u>1</u> 차 <u>4</u> 는 ★ <u>3</u> 누구 <u>2</u> 의 것 입니까?

10 공원 <u>2</u> 에 ★ <u>4</u> 작은 <u>1</u> 벚나무 <u>3</u> 가 있습니다.

11 저는 딸기 <u>2</u> 의 <u>4</u> 케이크 ★ <u>1</u> 를 <u>3</u> 가장 좋아합니다.

12 기무라 씨는 제 <u>2</u> 가 <u>4</u> 준 ★ <u>1</u> 가방 <u>3</u> 을 가지고 있습니다.

13 할머니의 집 <u>1</u> 에 <u>3</u> 는 ★ <u>2</u> 개 <u>4</u> 가 많이 있습니다.

문제 3 <u>14</u> 부터 <u>17</u> 에 무엇을 넣습니까? 문장의 의미를 생각해서 1·2·3·4에서 가장 알맞은 것을 하나 골라 주세요.

가레스 씨와 해리 씨는 '일본의 전철'의 작문을 쓰고, 학급 모두의 앞에서 읽습니다.

(1) 가레스 씨의 작문

> 일본의 전철은 매우 편리합니다. 긴 시간 기다리지 않아도 괜찮습니다. <u>14 그래서</u> 학교에 갈 때는 항상 전철을 탑니다. 또 매우 안전합니다. 저는 조용한 곳을 <u>15 좋아해서</u>, 전철 안은 큰 목소리로 이야기하는 사람도 그다지 없기 때문에 매우 좋습니다.

(2) 해리 씨의 작문

> 일본의 전철은 매우 편리합니다만, 가격이 비싸서 <u>16 그다지 타지 않습니다</u>. 그래서, 저는 자전거를 자주 탑니다. 하지만 학교가 집에서 멀어서 때때로 버스를 탑니다. 매일 아침 아버지가 500엔을 <u>17 줍니다</u>. 자전거로 학교에 가는 날은 좋아하는 것을 살 수 있습니다.

JLPT N4 하프 모의고사 정답

언어지식(문자·어휘)　203p

정답

1 2	**2** 3	**3** 1	**4** 4	**5** 1	**6** 3
7 2	**8** 2	**9** 4	**10** 2	**11** 1	**12** 3
13 1	**14** 4	**15** 2	**16** 3	**17** 2	**18** 3
19 1	**20** 2	**21** 3	**22** 1	**23** 4	**24** 2
25 2	**26** 4	**27** 3	**28** 2		

해석

문제 1　＿＿＿의 말은 히라가나로 어떻게 씁니까? 1·2·3·4에서 가장 알맞은 것을 하나 골라 주세요.

> (예) 내일은 비입니까?

1 기무라 씨는 매우 밝은 사람입니다.

2 이웃 집은 공사를 하고 있습니다.

3 할아버지는 매일 밤 약을 먹고 있습니다.

4 저는 빨간 스커트를 갖고 싶습니다.

5 지금은 학교에서 일본어를 가르치고 있습니다.

6 어제는 일기예보를 봤습니다.

7 할머니가 지난주 입원했습니다.

문제 2　＿＿＿의 말은 어떻게 씁니까? 1·2·3·4에서 가장 알맞은 것을 하나 골라 주세요.

> (예) 이 잡지를 봐 주세요.

8 그것은 어떤 맛이었습니까?

9 수업은 4시에 끝납니다.

10 여기는 조금 덥네요.

11 이 거리는 교통이 편리합니다.

12 설명을 잘 들어 주세요.

문제 3　(　　)에 무엇을 넣습니까? 1·2·3·4에서 가장 알맞은 것을 하나 골라 주세요.

> (예) 차가 3(대) 있습니다.

13 10일 (이외)의 날은 괜찮습니다.

14 저 레스토랑의 (메뉴)에는 밥이 없습니다.

15 비행기를 탈 때에는, 여권이 (필요)합니다.

16 매우 (드문) 이름이었습니다.

17 이 초콜릿은 외국인에게 (인기)가 있다.

18 기무라 선생님은 매우 (엄격)합니다.

19 슬슬 약속을 (정합시다).

20 다음 주에 여행을 가기 때문에 호텔을 (예약)했습니다.

문제 4　＿＿＿의 문장과 대체로 같은 의미의 문장이 있습니다. 1·2·3·4에서 가장 알맞은 것을 하나 골라 주세요.

> (예) 저 사람은 아름답네요.
> 1　저 사람은 예쁘네요.

21 요시다 씨는 장녀입니다.
3　요시다 씨는 첫 번째 딸입니다.

22 아이가 생글거리고 있습니다.
1　아이가 웃고 있습니다.

23 이것은 여성의 옷입니다.
4　이것은 여자의 옷입니다.

24 여기에서는 많은 차를 생산하고 있습니다.
2　여기에서는 많은 차를 만들고 있습니다.

문제 5　다음 말의 사용법으로 가장 알맞은 것을 1·2·3·4에서 하나 골라 주세요.

> (예) 댁
> 3　여보세요, 다나카 씨의 댁입니까?

25 빛나다
2 별이 빛나는 것을 보기 위해서 산에 올랐습니다.

26 안내
4 김 씨가 학교를 안내해 주었습니다.

27 경치
3 이 마을은 산이 있어서 경치가 좋습니다.

28 키우다, 기르다
2 그는 딸을 키우고 있습니다.

언어지식(문법) 215p

정답

1	4	2	2	3	1	4	3	5	4	6	2
7	4	8	2	9	2	10	4	11	1	12	4
13	1	14	3	15	4	16	3	17	2	18	3
19	2	20	1	21	3						

해석

문제1 (   )에 무엇을 넣습니까? 1·2·3·4에서 가장 알맞은 것을 하나 골라 주세요.

(예) 전철(로) 회사에 갑니다.

1 이 잼은 포도(로) 만듭니다.

2 이 카드는 쇼핑(에) 편리합니다.

3 여동생(으로부터)의 짐이 도착했습니다.

4 (이제) 그와 이야기하고 싶지 않습니다.

5 야마다 "기무라 씨는 영어로 메일을 (쓰는) 것을 할 수 있습니까?"
기무라 "네, 할 수 있습니다."

6 최근에, 바빠서 남자 친구와 좀처럼 (만날 수 없다).

7 주말에는 남편과 후지산에 (오를) 예정입니다.

8 다나카 "스즈키 씨는 미국에 (간) 적이 있습니까?"
스즈키 "네, 있습니다!"

9 친구가 우산을 사 (주었습니다).

10 그렇게 (서두르지) 않아도 괜찮습니다.

11 토요일에는 하루(종일) 방에 있었습니다.

12 A "어제 (왜) 학교에 오지 않았습니까?"
B "머리가 아팠습니다."

13 야마시타 "요시다 씨는 무엇을 마십니까?"
요시다 "저는 아이스 커피로 (할게요)."

문제2 ______ ★ 에 들어가는 것은 어느 것입니까? 1·2·3·4에서 가장 알맞은 것을 하나 골라 주세요.

(예) 실례합니다. 3 화장실 2 은 ★ 4 어디 1 입니 까?

14 제가 가지고 있는 가방 4 의 ★ 3 중 2 에서 1 가장 작습니다.

15 좀 더 넓은 2 방 1 을 ★ 4 예약 3 하고 싶 습니다.

16 이 카레 2 를 1 만든 ★ 3 사람 4 은 누구입니까?

17 남동생은 4 아르바이트 3 를 ★ 2 해서 1 저금 하고 있습니다.

문제3 18 부터 21 에 무엇을 넣습니까? 문장의 의미를 생각해서, 1·2·3·4에서 가장 알맞 은 것을 하나 골라 주세요.

아래의 글은, 유학생의 작문입니다.

> ### 나의 선생님
>
> 존슨
>
> 나의 선생님을 소개합니다. 선생님의 이름은 '야마다 미유'입니다. 30세 18 정도 입니다. 그녀는 키가 매우 크고, 날씬합니다. 19 또 안경을 쓰고 있고, 머리카락이 깁니다.
> 저는 선생님을 처음으로 만났을 때, 학생이라고 생각했습니다. 매우 젊게 보입니다. 선생님은 항상 저의 고민을 들어줍니다. 또, 모르는 것을 질문하면 상냥하게 20 대답해 줍니다. 그래서, 일본어를 더 즐겁게 21 공부하고 있습니다.

필기 시험 정답

단어 익히기

01
① 美術館 / びじゅつかん
② 山登り / やまのぼり
③ 動物園 / どうぶつえん
④ 着く / つく

문장 익히기

02
① 오늘도 시합에서 이겼어.
② 올해부터 담배를 끊었어.
③ 어제는 술을 많이 마셨어.
④ 토요일에 백화점에 갔어.
⑤ 일본에서 사진을 많이 찍었어?

03
① 友だちと サーフィンを した。
② 英語の 勉強は たくさん した。
③ 素敵な 作品を たくさん 見た。
④ 動物園で パンダを 見た？
⑤ 野菜も たくさん 食べた？

JLPT N5·N4 문법 대비 유형

04
① 3 / 그는 방금 역에 도착했어.
② 1 / 나는 토요일에 등산을 했어.
③ 2 / 일요일에는 많이 잤어?

단어 익히기

01
① 登る / のぼる
② 文学 / ぶんがく
③ 経験する / けいけんする
④ 会話 / かいわ

문장 익히기

02
① 유카타를 입은 적이 있어요.
② 타코야키를 먹은 적이 있어요.
③ 스모를 본 적이 없어요.
④ 아직 캡슐 호텔에 숙박한 적이 없어요.
⑤ 좋아하는 사람에게 고백한 적이 있나요?

03
① バイクを 運転した ことが あります。
② 外国人に 道を 教えた ことが あります。
③ 料理を 習った ことが ありません。
④ バスの 中で 寝た ことが ありません。
⑤ 富士山に 登った ことが ありますか。

JLPT N5·N4 문법 대비 유형

04
① 2 / 소설을 읽은 적이 있어요.
② 2 / 일본어를 배운 적이 없어요.
③ 4 / 외국인과 이야기한 적이 있나요?

단어 익히기

01
1. 聞く / きく
2. 合コンする / ごうコンする
3. 味 / あじ
4. 青色 / あおいろ

문장 익히기

02
1. 빵이라도 먹는 게 어때요?
2. 다시 한 번, 연습하는 게 어때요?
3. 취미 모임에서 찾는 게 어때요?
4. 이 차를 갖고 싶어요.
5. 새 카메라를 갖고 싶어요.

03
1. バイトを 探したら どうですか。
2. 今日は ちょっと 休んだら どうですか。
3. 私も 彼氏が ほしいです。
4. 広い 家が ほしいです。
5. 一人の 時間が ほしいです。

JLPT N5·N4 문법 대비 유형

04
1. 3 / 소금을 더 넣는 게 어때요?
2. 1 / 생일에 지갑을 받는 게 어때요?
3. 3 / 파란색 우산을 갖고 싶어요.

단어 익히기

01
1. 貸す / かす
2. 毎朝 / まいあさ
3. 遠足 / えんそく
4. 恋愛 / れんあい

문장 익히기

02
1. 저는 집에 돌아가서 쉬어요/쉴 거예요.
2. 친구를 만나서 영화를 봐요.
3. 소풍에 도시락을 준비해서 가요.
4. 오늘은 여자 친구와 무엇을 하나요?
5. 파티에 무엇을 입고 가나요?

03
1. サンドイッチを 作って 食べます。
2. この ドレスを 着て 行きます。
3. 学校に 体操服を 持って 行きます。
4. 毎朝、ジョギングを して 会社に 行きます。
5. 今日は 晩ご飯を 食べて 行きますか。

JLPT N5·N4 문법 대비 유형

04
1. 4 / 집에 친구를 불러서 같이 놀아요.
2. 1 / 이 문은 버튼을 눌러서 열어요.
3. 3 / 회사에 버스를 타고 가요.

단어 익히기

01
1. 空港 / くうこう
2. 娘さん / むすめさん
3. お願い / おねがい
4. 壊れる / こわれる

문장 익히기

02
1. 안경을 찾고 있어요.
2. 지금, 소파에 누워 있어요.
3. 학원에 다니고 있지 않아요.
4. 비가 내리고 있지만, 우산이 없어요.
5. 레스토랑은 닫혀 있나요?

03
1. 彼氏も 来て います。
2. 彼は 空港で 働いて います。
3. 彼女は ベージュの ワンピースを 着て います。
4. 子供は まだ 寝て いません。
5. 毎日、ストレッチして いますか。

JLPT N5·N4 문법 대비 유형

04
1. 3 / 지금, 비가 내리고 있어요.
2. 2 / 이 시계는 고장 나 있지 않아요.
3. 4 / 따님은 무엇을 하고 있나요?

단어 익히기

01
1. 自分で / じぶんで
2. 旅館 / りょかん
3. 楽器 / がっき
4. 今度 / こんど

문장 익히기

02
1. 다나카 씨에게 물어볼게요.
2. 부산에 가 보고 싶어요.
3. 후지산에 올라 보고 싶어요.
4. 대학생 동안에 해외에서 생활해 보고 싶어요.
5. 일본 드라마를 봐 보고 싶은데, 추천이 있나요?

03
1. 自分で 作って みます。
2. ちょっと 考えて みます。
3. 旅館で 泊まって みたいです。
4. 彼と 話して みたいです。
5. 連休に 何を して みたいですか。

JLPT N5·N4 문법 대비 유형

04
1. 2 / 다음번에, 저 가게의 우동을 먹어 볼게요.
2. 3 / 이 드라마를 전부 봤어요.
3. 1 / 어떤 악기를 배워 보고 싶나요?

단어 익히기

01
1. 座る / すわる
2. 電話番号 / でんわばんごう
3. 電気 / でんき
4. 見つける / みつける

문장 익히기

02
1. 잠깐 기다려 주세요.
2. 이름은 여기에 써 주세요.
3. 빈 병은 이쪽에 버려 주세요.
4. 불을 켜 주시지 않겠습니까?
5. 한 번 더 설명해 주시지 않겠습니까?

03
1. いたずらは やめて ください。
2. また 来て ください。
3. ちょっと 手伝って くださいませんか。
4. メニューを 持って きて くださいませんか。
5. 電話番号を 教えて くださいませんか。

JLPT N5·N4 문법 대비 유형

04
1. 2 / 여기에 앉아 주세요.
2. 1 / 지금, 전화해 주시지 않겠습니까?
3. 4 / 테이블 위를 정리해 주시지 않겠습니까?

단어 익히기

01
1. 冗談 / じょうだん
2. 参加する / さんかする
3. 洗濯 / せんたく
4. 確認する / かくにんする

문장 익히기

02
1. 채소를 먹어 줬으면 좋겠어요.
2. 지금은 방에 들어오지 않아 줬으면 좋겠어요.
3. 혼자서 가지 않아 줬으면 좋겠어요.
4. 그 치마는 입지 않아 줬으면 좋겠어요.
5. 제가 무엇을 해 줬으면 좋겠습니까?

03
1. 料理を 作って ほしいです。
2. プレゼンの 資料を 確認して ほしいです。
3. 明日の 会議にも 参加して ほしいです。
4. 無理して 働いて ほしくないです。
5. この スカートは ちょっと 短いですね？

JLPT N5·N4 문법 대비 유형

04
1. 3 / 그녀가 빨래를 도와줬으면 좋겠어요.
2. 4 / 그가 빨리 사과해 줬으면 좋겠어요.
3. 2 / 그런 농담을 말하지 않아 줬으면 좋겠어요.

단어 익히기

01　**1** お客さん / おきゃくさん

　　　2 赤ちゃん / あかちゃん

　　　3 健康 / けんこう

　　　4 面接 / めんせつ

문장 익히기

02　**1** 배에 타기 전에 약을 먹어 두어요.

　　　2 영화를 보기 전에 팝콘을 사 두어요.

　　　3 발표를 위해서 자료를 조사해 두어요.

　　　4 영어 시험을 위해서 매일 복습해 두어요.

　　　5 쇼핑 리스트도 봐 둬 주세요.

03　**1** 赤ちゃんの 服と ベッドを 買って おきます。

　　　2 ホテルを 予約して おきます。

　　　3 面接の ために スーツを 借りて おきます。

　　　4 明日の パーティーの ために 飲み物を 買って おいて ください。

　　　5 ケーキも 切って おきますか。

JLPT N5·N4 문법 대비 유형

04　**1** 2 / 친구가 집에 오기 전에 방을 정리해 두어요.

　　　2 3 / 소풍을 위해서 도시락을 만들어 두어요.

　　　3 1 / 다나카 씨의 생일을 위해서 선물을 준비해 두어요.

단어 익히기

01　**1** 卒業 / そつぎょう

　　　2 返品する / へんぴんする

　　　3 消す / けす

　　　4 置く / おく

문장 익히기

02　**1** 이 계정을 사용해도 돼요.

　　　2 여기에서 촬영을 해도 돼요.

　　　3 화장실을 써도 괜찮아요.

　　　4 메뉴를 보고 정해도 될까요?

　　　5 자료를 업로드해도 돼요?

03　**1** 卒業 アルバムを 見ても いいです。

　　　2 出前を とっても いいです。

　　　3 ここに 座っても 大丈夫です。

　　　4 服を 返品しても 大丈夫です。

　　　5 授業中に 質問しても 大丈夫ですか？

JLPT N5·N4 문법 대비 유형

04　**1** 2 / 여기에 쓰레기를 버려도 돼요.

　　　2 3 / 히터를 꺼도 돼요.

　　　3 4 / 여기에 짐을 놓아도 괜찮아요?

단어 익히기

01
1. 書類 / しょるい
2. 音量 / おんりょう
3. 注意する / ちゅういする
4. 染める / そめる

문장 익히기

02
1. 이 종이에 낙서하면 안 돼요.
2. 여기에서 음료를 마시면 안 돼요.
3. 함부로 동영상을 찍으면 안 돼요.
4. 함부로 자동차를 세우면 안 돼요.
5. 이 계좌로 집세를 지불하면 안 돼요?

03
1. 遅れては いけません。
2. 教室で 走っては いけません。
3. 勝手に 作品を 触っては いけません。
4. 勝手に 書類を 持って 行っては いけません。
5. ここで タバコを 吸っては いけませんか。

JLPT N5·N4 문법 대비 유형

04
1. 1 / 전철 안에서 전화하면 안 돼요.
2. 2 / 함부로 볼륨을 올리면 안 돼요.
3. 2 / 기무라 씨의 학교에서는 머리카락을 염색하면 안 돼요?

단어 익히기

01
1. 運ぶ / はこぶ
2. 操作する / そうさする
3. 海鮮 / かいせん
4. 飼う / かう

문장 익히기

02
1. 히라가나를 읽을 수 있어.
2. 스페인어를 할 수 있어.
3. 영어로 메일을 쓸 수 있어.
4. 선생님의 질문에 전부 대답할 수 있었어!
5. 편의점에서도 약을 살 수 있어?

03
1. 運転が できる。
2. すっぱい物が 食べられる。
3. ワイファイが 使えます。
4. 私は まだ 漢字は 読めません。
5. ドローンが 操作できますか。

JLPT N5·N4 문법 대비 유형

04
1. 2 / 호텔에 짐을 맡길 수 있어?
2. 4 / 이 맨션에서 애완 동물을 기를 수 있어요.
3. 1 / 기무라 씨는 해산물을 먹을 수 없어요.

단어 익히기

01
1 今夜 / こんや
2 聞き取る / ききとる
3 頑張る / がんばる
4 昔 / むかし

문장 익히기

02
1 해외 드라마를 자막 없이 볼 수 있게 돼요.
2 일본어로 글을 쓸 수 있게 돼요.
3 최근, 낫토를 먹을 수 있게 되었어요.
4 지금은 자전거를 탈 수 있게 되었어요.
5 이 수업을 들으면, 무엇을 할 수 있게 되나요?

03
1 日本語が 話せる ように なります。
2 難しい 漢字が 覚えられる ように なります。
3 プールで 1キロ ぐらい 泳げる ように なりました。
4 外国人と 英語で 話せる ように なりました。
5 料理教室に 通ったら、何が できる ように なりますか。

JLPT N5·N4 문법 대비 유형

04
1 1 / 이 어플을 쓰면, 무엇을 할 수 있게 되나요?
2 2 / 선생님 덕분에 피아노를 칠 수 있게 되었어요.
3 4 / 오늘 밤 회식에 참가할 수 있게 되었어요.

단어 익히기

01
1 花束 / はなたば
2 香水 / こうすい
3 卒業式 / そつぎょうしき
4 母の日 / ははのひ

문장 익히기

02
1 저는 그에게 티켓을 주어요.
2 그가 저에게 편지를 주어요.
3 저는 부모님으로부터 시계를 받았어요.
4 아버지의 날에 아버지가 아들에게 넥타이를 받았어요.
5 어머니도 선물을 줬나요?

03
1 誕生日に 友だちに 何を あげましたか？
2 田中さんは いつも 妹に クッキーを くれます。
3 まり子さんが バレンタインデーに 彼氏に チョコレートを あげました。
4 ホワイトデーに 私は 彼氏から 財布を もらいました。
5 クリスマスに 妹は 友だちから コップを もらいました。

JLPT N5·N4 문법 대비 유형

04
1 3 / 저는 어머니의 날에 어머니에게 손수건을 주었어요.
2 1 / 어제, 친구가 저에게 이 가방을 주었어요.
3 2 / 저는 선배로부터 꽃다발을 받았어요.

단어 익히기

01
1. 変わる / かわる
2. 所 / ところ
3. 担当する / たんとうする
4. 小学生 / しょうがくせい

문장 익히기

02
1. 다음 달, 귀국하게 되었어요.
2. 새 프로젝트에 참가하게 되었어요.
3. 노트북을 넣는 가방이에요.
4. 이벤트를 서포트하는 일이에요.
5. 오늘 점심은 누구와 먹게 되었나요?

03
1. 会社を 辞める ことに なりました。
2. 文化祭で お好み焼きを 作る ことに なりました。
3. これは 小学生が 読む 本です。
4. この 部屋は 音楽を 聞く 部屋です。
5. 頑張って ください。

JLPT N5·N4 문법 대비 유형

04
1. 4 / 올해는 일본에서 일하게 되었어요.
2. 3 / 다음 발표는 제가 담당하게 되었어요.
3. 4 / 저 사람은 영어를 가르치는 선생님이에요.

단어 익히기

01
1. 雪 / ゆき
2. 雲 / くも
3. 自信 / じしん
4. 怒る / おこる

문장 익히기

02
1. 그는 여자 친구가 있을 거라고 생각해요.
2. 날씨도 맑을 거라고 생각해요.
3. 아마 아르바이트를 그만두지 않을 거라고 생각해요.
4. 오늘은 자습실에서 공부하지 않을 거라고 생각해요.
5. 오늘 회식에서 술을 마시나요?

03
1. 明日は 雪が 降ると 思います。
2. 今日の 試合で 勝つと 思います。
3. 彼は 怒らないと 思います。
4. 木村さんは ステージで 歌を 歌わないと 思います。
5. 雲が 多くて 星が 見えないと 思います。

JLPT N5·N4 문법 대비 유형

04
1. 1 / 그는 내일 7시에 도착할 거라고 생각해요.
2. 4 / 아주 즐거운 여행이 될 거라고 생각해요.
3. 3 / 그는 베트남에 가지 않을 거라고 생각해요.

MEMO

MEMO

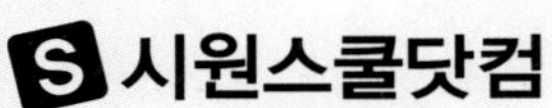